中学受験成功への鍵は
「親メンタル」!

「受験で勝てる子」の育て方

「名門指導会」代表
西村則康

日経BP

はじめに

みなさんは「中学受験」に対して、どんなイメージをお持ちですか？

「中学受験の勉強は難しいようだから、自分が教えられるか心配……」

「親のサポートが不可欠らしいけど、共働きだと不利になるのでは？」

「低学年から塾に通っている子もいるのに、今からでも間に合うの？」

などなど、なんだかとてつもなく大変な世界に飛び込むようなイメージを持っている方が多いような気がします。

確かに**今の中学受験は、12歳の子どもの頭で覚えるには、学習範囲の量も内容の難しさも限界に達している**と感じます。また、近年首都圏では中学受験者数が増加傾向にあります。

ライバルが増えたことによって、これまで以上に第1志望校の合格の壁が高くなっています。

ですが、中学受験の勉強を始める時期や毎日の家庭学習の進め方、正しい勉強のやり方といった「受験の基本」は、実はこれまでとそれほど大きくは変わっていません。

今は情報過多の時代。ひと昔前までは中学受験情報といえば、ごく一部の専門家のアドバイスが親御さんたちの道しるべになっていましたが、今は中学受験のプロだけでも相当数いますし、子どもを難関校に合格させた先輩ママの合格体験記ブログや、現在進行中の受験パパの受験攻略インスタなど、中学受験情報はあふれんばかりです。こうした情報を追っかけてしまうと、**「やってこなかったこと」「できないこと」「できそうにないこと」ばかりが頭に浮かび、まだ何も始まっていない今から不安と焦りでいっぱいになってしまいがちです。**

「えっ？ 中学受験の勉強って小学4年生からスタートするんじゃなかったっけ？

1年生から塾に入れないとダメなの？」

「子どもに毎日勉強を教えていたって先輩ママが言っていたけど、私にはそんなことできそうにないな……」

「今でさえ、毎日の生活が綱渡り状態なのに、仕事をしながら子どもの受験サポートなんてムリムリ」

などのようにです。

仕事でもそうですが、たくさんのタスクを抱えていると、「一体、何から始めたらいいの？」と取りかかる前からオロオロしたり、「果たしてちゃんとうまく回っていくだろうか？」と漠然とした不安に襲われたりするものです。でも、「いつ」「何を」「どのように」進めていけばいいか、あらかじめ予定や見通しが立っていれば、「今の時期はこれだけやればいいんだな」「ここに気をつけたらいいんだな」とやるべきことが明確なため、慌てることはありません。中学受験もそれと同じで、**あらかじめこれからの3年間がどのような日々になっていくかを知っておけば、ひどく恐れることはない**のです。

ただ、仕事と大きく違う点は、相手が成長途中にいる小学生の子どもだということ。子育ては大人同士で構築される仕事と違って、「これをやっておけばスムーズに事が運ぶ」といった単純な展開にはなりません。本書でも長年中学受験のプロとしてたくさんの子どもとその親御さんと接してきた私が考える正しい勉強のやり方や進め方をご紹介していきます。しかしこれらはご家庭で受験勉強を進めていく上でのヒントにはなると思いますが、「これをやったら、必ず勉強ができる子になる」というわけではありません。

中学受験の「難しさ」は、問題の難しさだけにとどまりません。むしろ、本当の難しさは別のところにあります。

体力的にも、精神的にもまだ未熟な小学生の子どもは、数年後に控えている入試に向けて、毎日同じモチベーションで頑張り続けることはできません。ノリノリで勉強をする日もあれば、頑張れない日もあります。また、受験をするのは子どもなのに、いつまでたってもやる気を見せてくれないこともあります。そんな幼さが残る小学生の子どもを勉強に向かわせるには、子どもの気持ちが乗ってくるような大人のかかわりが必要です。

でも、人間一人ひとりの性格が違うように、どのような環境で、どのような言葉がけをしてあげると気持ちが乗ってくるかは、子どもによって違います。だから、中学受験のプロが言うことも、先輩パパ＆ママが言うことも、わが家には当てはまらないことの方が多かったりします。

「今、この子はどんな気持ちで勉強しているのかな？」

「この子が気持ちよく勉強に向かえるようになるには、どんな言葉が響くのだろう？」

結局のところ、中学受験の準備期間は、試行錯誤の日々。このやり方をすれば正しい答えが出るといった「受験勉強の公式」は存在しないのです。ですが、わが家なりに試行錯誤をくり返していく中で、「この子は大げさに褒めるよりも、ふとしたときにさりげなくいいところを言ってあげるとうれしそうな顔をするんだなぁ」と子どもの喜ぶポイントに気づけたり、「ちょっと前までは早く宿題を終わらせようとして、字が雑になっていたときもあったけれど、最近は丁寧に書くようになったな。本人なりに意識するようになったんだな」と小さな成長を発見できたりします。**この親子で向き合う時間こそが、かけがえのないものなのです。**

近年、中学受験で主流になりつつある共働き家庭の中には、親である自分が忙しいために、子どもの勉強を十分にサポートできないという罪悪感を抱いている方がいます。また、自分が仕事をしていることで、子どもの受験が不利になることがないようにと、幼児や低学年のうちからたくさんの勉強をやらせている方もいます。

ですが、**中学受験の勉強自体は必ずしも親が教えなければいけないというわけではないし、早くから勉強をやらせたからといって有利になるというわけではありません。**確かに親のサポートは必要ですが、頑張らなきゃいけないのはそこではないのです。いいえ、頑張る必要もないのです。ただ、ちょっとした努力は必要です。

大事なのは、今の時代の中学受験を知った上で、どうしたらわが子が気持ちよく勉強に向かえるかを考え続け、子どもに寄り添う姿勢を持つこと。これに尽きます。

中学受験の目標は志望校に合格することですが、それがゴールではありません。これから続いていくお子さんの人生のほんの通過点に過ぎません。だから、**結果がすべてではない**のです。

それよりも、「中学受験」という家族のビッグプロジェクトの中で、親子で泣いたり笑ったりした日々の方がずっと後に残る思い出になります。渦中にいるときはそんな心の余裕はないかもしれませんが、**親御さんがちょっと意識を変えてみるだけで、過酷なイメージばかりが先行してしまう中学受験が、「私たち親子を成長させてくれる良い機会」と家族の絆をより強固なものにしていけるチャンスと捉えられるように**なります。その経験ができるというだけで、すでにもう幸せなのです。

そんな親子の絆は、お子さんに安心と自信を与えます。そうして**高学年で失速することなく、「受験で勝てる子」へと変貌を遂げていく**のです。そんなわが子の勇姿を見届けることができたとき、親子で「後悔しない受験」を終えることができるはずです。そう思ってこれから始まるでこぼこ道を親子で一緒に迷い、楽しみながら進んでいきましょう。数年後に見る景色は、今よりもきっと輝いているはずです。

中学受験成功への鍵は「親メンタル」！　「受験で勝てる子」の育て方

第1章　忙しい親が子の中学受験を考え始めたら、最初に知っておきたい5つのこと

第2章

3年間の中学受験ロードマップを知ろう

第3章

目指せ「受験で勝てる子」！成功へと導く「親メンタル」

第4章
小3秋～小6前半で失速しない「家庭学習」のコツ

第5章

小6後半戦、志望校の選び方&対策

第1章

忙しい親が子の中学受験を考え始めたら、最初に知っておきたい5つのこと

知っておきたい①

令和時代の中学受験

小学校受験、中学受験、高校受験、大学受験。子育てにはいくつかの受験が待ち構えています。小学校受験は学力のテストではなく、「家庭での過ごし方」が問われる受験です。高校受験は学力テストの他に、授業態度などの内申点が加味されます。大学受験は近年大改革が行われ、入試スタイルの割合が学力テスト（一般選抜）から、受験生の学ぶ意欲や興味関心を見る推薦型入試へと変わりつつあります。

そんな中で、**いまだに当日の学力テスト一発勝負で合否が決まってしまうのが中学受験**です。しかも、小学校の授業で学習する内容よりもはるかに難しい問題が出題されます。

そういうと、中学受験はできるだけたくさんの知識を覚えさせ、たくさんの問題をくり返し解かなければ、志望校には入れないと思い込んでしまう親御さんがいます。

でも、それは大きな誤解です。

中学入試の知識量や難度はもはや限界に達している

東京・神奈川を中心とする首都圏の中学入試は、2月1日をピークに5日ごろまで続きます。その後、私は自分が代表を務めている名門指導会の講師たちと一緒に、その年の入試問題を解き、各学校でどのような問題が出題され、そこからどんな力が求められているかを分析します。

そこから見えてきた近年の入試傾向は、次の2点が挙げられます。

一つ目は、**全体的に必要とされる知識が以前よりも易しくなっている**ことです。ひと昔前までは、難関校の算数や理科の入試問題は、重箱の隅をつつくような難問・奇問が出題され、どれくらい多種多様な問題を解き、鍛え上げてきたかが勝負の分かれ目になるところがありました。そのためにできるだけたくさんの知識を詰め込み、たくさんの問題をくり返し解くという勉強法に走りがちでした。実際、その方法で合格した子も多く、それが正しい勉強法だと思い込んでしまう風潮がありました。

ところが、昨今の入試問題は、必要とされる知識自体が極端に高度な難問・奇問は見当たりません。長年、中学受験の指導をしてきて感じるのは、今の中学受験の知識量や難度は、12歳の頭に覚えさせる内容としては、もはや限界に達しているということです。暗記で対応できる問題をこれ以上増やして、難しくしても意味がない。必要とされる知識はもうこれで十分だ。それよりも、**うちの学校はこういう学習意欲や姿勢を持った子に来てほしいという「求める生徒像」を明確に打ち出すような問題へと変わりつつある**ように感じています。それを見極めるための選抜方法として取り入れ始めたのが、**近年の入試の特徴の二つ目となる思考力や表現力を求める問題**です。

こうした点から、どの学校も一見すると以前より入試問題が易しくなったように感じます。特に難関校の入試問題は、それがはっきりと見て取れます。

しかし、2024年度入試の結果を見ると、不思議なことに合格者平均点がそこまで上がっていないのです。しかも、合格者平均点と受験者平均点の差は大きく広がっています。

これはどういうことを意味するのかというと、同じ学力レベルの学校を受験した子どもたちの中で、易しく感じた子もいれば、難しく感じた子もいたということです。

では、両者の差はどこにあったのでしょうか？

ほしいのは自分の頭を使って考えてきた子

入試問題にはその学校の個性が反映されます。どの教科においても「こういう知識をしっかり持っている子がほしい」「こういうことに関心が向けられる子どもを集めたい」など、学校側が求める学力レベルや望ましい生徒像があり、それを入試問題で選別します。

そして、先生たちは「今年はこんな問題が解ける子に来てほしいな」「このテーマに関心がある子に、うちの学校の授業を受けてもらいたいな」などと思いをはせながら、毎年、新しい問題を考えています。

それらは、実によくできた問題です。特に難関校と言われる学校の問題は、「なるほど、今年はこういう切り口で来たか！」と大人もうならせるような斬新さがあり、学校側のプライドをも感じさせます。

ところが、こうした新しいタイプの問題が入試に出ると、大手進学塾の優秀な人たちがすぐに解くための知識やテクニックを開発して、翌年のテキストやプリントに載せ、子どもたちに教えます。それが塾の使命だからです。

多くの塾にとって一番大切なことは、難関校の合格実績を上げることです。実績が高ければ、「この塾に入れれば、うちの子も難関校に行けるかもしれない」と親御さんたちが夢と希望を持ち、集客につながっていくからです。だから、塾側も入試対策に必死です。

しかし、**「新しいタイプの問題」としてテキストに紹介された問題は、その瞬間に新出問題ではなくなり、子どもたちがこなしていく大量演習の一つになってしまいます。**こうして、難関校と大手進学塾のいたちごっこが長い間続き、中学受験で求められる学習レベルはどんどん高くなり、学習範囲も膨れ上がってしまったのです。その負担は子どもたちに大きくのしかかっているだけでなく、「これがまだできていない」「あれも押さえておかなければいけない」と、親御さんたちの焦りを加速させることになりました。

その結果、大量学習やパターン学習といった受験テクニックだけで合格する子を増産させてしまったのです。

社会の変化とともに、入試問題も変化していく

しかし、そういう勉強のやり方をしてきた子は、中学入試ではなんとか合格できても、

入学後の勉強で必ず壁にぶつかります。なぜなら、難関校の授業は自ら問いを持ち、考える姿勢が不可欠だからです。そして今の時代は、難関校だけでなく、学校教育全体がそのような学習スタイルに変わりつつあります。

背景にあるのは、社会の変化です。ＩＴ化やグローバル化が急激に進み、私たちが暮らす社会は大きく様変わりしました。今子育て中の親御さんたちが子どもだった頃は、ピーク時ほどではないものの、まだまだ学歴が重視される時代でした。一生懸命に勉強して、いい大学に入り、一流企業に就職できれば「将来は安泰」と信じられていたからです。

しかし今はテクノロジーの発達により、多くの仕事でＡＩ（人工知能）が人に代わり、急速な少子高齢化が進む中、国内の労働力も外国人に頼らなくては立ちゆかなくなりつつあります。地球は温暖化が止まらず、自然災害が多発し、私たちは明日のことさえ予測ができない社会を生きています。こうした変化の激しい社会では、これまでの常識や経験が通用せず、**目の前にある課題を解決したり、新しいアイデアを生み出したりといった「考える**

力」が、知識を得ること以上に必要になります。
また、グローバル化された社会で多様な価値観を持った人たちと一緒に暮らしていくには、ロジックに基づいた相手に伝わる言葉で、自分の考えを伝える「表現する力」をつけることが重要だと考えられるようになりました。**それが今、学校教育でも培っていこうとしている「思考力」「表現力」といった力です。**その力を伸ばしていくために、アクティブラーニングや探究学習といった、親世代が経験したことのない学びが行われるようになったのです。

実は私立中高一貫校、特に難関伝統校では昔からこうした力を伸ばす授業が脈々と受け継がれていました。ところが昨今、中学受験が過熱していく中で、学校側は「与えられた勉強はできても、自ら考えようとする子が少なくなった」と頭を抱えていました。

そこで学校側は難問や奇問で入学者を選別するのではなく、「どのように考えて、この問題を解こうとしているか」が浮き彫りになるような問題に大きく舵《かじ》を切り、その子の「自分で考える力」を見るようにしたのです。それが、近年多くの学校で見られるようになった思考力や表現力を求める問題です。この傾向は5年くらい前から見られ始め、ここ数年で定着しつつあります。

つまり、かつての詰め込み型の勉強では通用しなくなっているということです。この傾向は難関校で顕著に見られてきましたが、ここ1、2年は中堅以上の学校でも見られるようになってきました。それを知らずに、**ただ大量の知識を暗記させたり、演習問題を何度も解かせたりする勉強ばかりを強いていては、得点につながりません。**また、親御さんは「やったかどうか」「できたかどうか」のチェックに走り、子どもは「やらされ感」いっぱいの勉強をすることになり、親子で疲弊します。そうなってしまうと、中学受験はとても過酷で、つらいものになってしまいます。そうならないためにも、正しい勉強のやり方を知っておく必要があるのです。詳しくは後の章で説明していきましょう。

知っておきたい②

中学受験をするメリット・デメリット

少子化が叫ばれているにもかかわらず、近年、首都圏の中学受験の志望者数は増加傾向をたどっています。2023年度入試では、ついに4万3000人(※)を越えました。

クラスの全員が臨む高校受験と違って、中学受験は「する」か「しない」かを選択できる受験です。中学受験では、小学校の勉強と比べてはるかに難しい内容を勉強しなければならず、そのため小学3年生の2月から塾通いが始まるのが一般的です。**つまり、小学校生活の半分を受験勉強に費やすことになるということ。**高校受験でも、大学受験でもそれほどまでの時間をかけて受験準備は行いません。それでも「する」という選択をする人が多いのはなぜなのでしょう?

※出典:森上教育研究所データ

それは、中学受験にはいくつかのメリットがあるからです。まず、学習面だけ見ても、次の5つのメリットが挙げられます。

【中学受験をするメリット】

❶学習の習慣が身に付く
❷多くの知識を得ることができる
❸考える力が付く
❹高校受験をしなくていい
❺大学受験に有利なカリキュラムで学習する

中学受験の勉強を通じて、一生モノの力が身に付く

まず中学受験をするのなら、日々の学習は欠かせません。3年間というビッグプロジェクトでは、週テストで満点を目指すといった短期目標から、夏までにクラスを上げるなどの中期目標、そして志望校に合格するという長期目標を掲げ、コツコツと勉強を進めていくことになります。この習慣を小学生のうちに付けておくと、**毎日の学習習慣が盤石なものになるだけでなく、目標に向かって努力する姿勢が自然と培われていきます。**

中学受験で学ぶ内容は多岐にわたります。特に理科と社会の知識量は膨大です。小学校課程の内容に加え、公立中学で3年間かけて学ぶ内容までほぼほぼ小学生のうちに吸収してしまいます。これを「詰め込み学習」と批判する人もいますが、それは丸暗記といった間違った勉強のやり方で受験を突破した人が言うせりふだと思います。根拠やつながり、因果関係を理解しながら学んでいけば、その子の知性はより豊かなものになります。思考

力が問われる世の中になっていますが、考えるためには知識が必要です。多くの知識があることは、それだけ深い思考ができ、人としての幅を広げていきます。

近年の中学入試は大学入試同様に、思考力や表現力を問う内容に変わってきています。こうした問題を解くには、「なるほど、そうなるのか」という納得感のある理解なしに解くことはできません。また、「今、聞かれているのはこれだ。これが分かるには、あと何が分からないといけないのか?」「○○のときはこうだった。それなら、△△のときはどうなるのだろう」などといった「考えるための型」が身に付くようになります。こうした**「自らの頭を使って考える学習」を続けていけば、志望校合格といった目先の目標だけでなく、問題解決力や創造力といった生涯必要となる力を付けていくことができます。**

一般選抜と総合型選抜、どちらも有利になる

入学してからもメリットがあります。中学受験をすると、私立・国立・公立の中高一貫校に通うことになります。6年間同じ学校に通うので、高校受験をする必要がありません。そのため、高校受験で部活を一時中断せずに、思いっきり取り組むことができます。また、各分野のコンテストやオリンピック、海外研修などにも挑戦しやすくなります。

大学受験においても、カリキュラムの面で有利になります。多くの中高一貫校では、中2までに中学校3年分の学習を終わらせるので、大学入試に必要とされる高校課程の勉強を4年間かけて学習することができます。また、**学校によっては中3から高2までの3年間で高校課程を学習した後、残りの1年間を大学入試のための対策に充てることができます。**これが高校受験組だと、高3の2学期まで授業の範囲が終わらず、十分な受験対策が取れないまま本番を迎えることになります。

また、どこの学校も進学実績を上げることが学校の存続につながっていくため、特に中堅校では面倒見の良さをウリに、生徒一人ひとりの学力に応じた講習や補習を放課後や長期休みに実施しています。学校によっては「予備校いらず」をうたっているところもあるくらいです。

一方、近年は大学入試の選抜方法が多様化し、総合型選抜で受験をする人が増えています。総合型選抜は、2020年度入試まではAO入試と呼ばれていた入試です。AOとはアドミッション・オフィスの略で、各大学・学部・学科が提示する「求める学生像＝アドミッション・ポリシー」に合った人物を選抜するもの。選考方法は、活動報告書や志望理由などの提出書類の他、面接や小論文、プレゼンテーションなどがあります。いずれも「高い学習意欲」と、「学びへの明確な目的意識」を見るもので、受験生の「これから」の伸びしろに期待します。

面接や論文では、「なぜこの大学のこの学部に入りたいのか」「そこでどんなことを学び、将来につなげていきたいのか」「ここで学んだことが社会でどのように役立つと考えているか」などを聞かれますが、そのきっかけとなるのが、「中学、高校をどのように過ごし、どのような経験をしてきたか」です。中高一貫校では高校受験がないぶん、6年間たっぷり時間をかけて自分の興味関心があることについて探究したり、研究したことを論文にまとめたりする活動があります。また、卒業生とのつながりも深く、キャリア教育も充実しています。こうした経験を通じて、自己を見つめ、**自分が将来やりたいことや学びたいことに早く気づける**面があります。つまり、**近年、大学受験で主流になりつつある総合型選抜と相性がいい**のです。

挫折からレジリエンスを育むことができる

心の成長においても、良い機会となります。中学受験にチャレンジする子は、通っている小学校の中では「勉強ができる子」であることが多いと思いますが、中学受験の勉強を始めると「学校の外には自分よりもっとすごい子がいる」ことに、いや応なしに気づかされます。小学校の通知表は絶対評価が基本で、「主体的に取り組む態度・人間性」など評価基準としても分かりにくい点があり、自分がどのくらい勉強ができるのか確信を持ちにくいところがあります。また、昨今は運動会の徒競走で、同レベルのタイムの子を並べて走らせたりするなど、公教育では勝負を避けようとする風潮があります。こうした環境下にいると、挫折を経験しないまま大人になってしまうことも。

しかし、社会に出れば自分の思い通りにいかないことの方が多いものです。そうした壁にぶつかったとき、子どものときに挫折から自分の力で克服した経験がないと、困難に立ち向かう力＝レジリエンスが育っていきません。**中学受験で最初から最後まで順調という子はまずいません。**みんな何かしらのでこぼこがあり、失敗や挫折を味わい、そこから立ち上がるための方法を考えることになります。そして、自分を高めるために努力をします。子ども時代にこの経験があるかないかは、実はとても大きいのです。

このように、中学受験を「する」メリットはたくさんあります。

しかし、**それは「正しい勉強のやり方」と「適切な親のかかわり」ができるかにかかっているのです。**では、やり方やかかわり方を間違えてしまうと、どうなってしまうのでしょうか？

すべてがデメリットに一転してしまいます。

【中学受験をするデメリット】

❶やり方を間違えると、学習の習慣を壊す

❷やり方を間違えると、知識は増えても使えない

❸やり方を間違えると、やる気を失う

❹やり方を間違えると、考える力が付かない

❺やり方を間違えると、勉強嫌いになる

❻やり方を間違えると、親子の関係が悪くなる

詳しく説明していきましょう。

知っておきたい③

わが子は中学受験向き？高校受験向き？

12歳の子どもが挑戦する中学受験は、子どもによって向き、不向きがあるとよく言われます。しかし、私は基本的に中学受験に向かない子はいないと思っています。受験に向かない子は、高校受験でも大学受験でも、受験そのものに向かない子なのです。

ただし、中学受験に挑むからには、毎日の学習は欠かせません。また、小学校で学習する勉強よりも難しい内容を学ぶため、ある程度の基礎学力は必要です。

そこで、次の5つを判断基準にしてみてください。

【中学受験に挑戦できるかの判断基準】

❶ 小学校のテストで、安定的に8割以上の点数を取れる

❷ 宿題をきちんとやれる

❸ 長時間椅子に座って、先生の話が聞ける

❹ 毎日、家庭で学習する習慣が付いている

❺ 親子関係が良好である

こうして見てみると、①から⑤のいくつかはクリアできている人が多いと思います。また、現時点でまだ学習習慣が定着していなかったとしても、親御さんのかかわり方次第で身に付くようになってきます。ですから、お子さん自身の**現時点での学力や学習姿勢はそこま**

で心配する必要はありません。それよりも重要になってくるのは、「大人のかかわり」です。

中学受験のメリットとデメリットは表裏一体

中学受験は親のサポートがなければ成り立たない受験です。わずか10～12歳の子どもにこれだけ難度の高い勉強が求められるわけですから、それを横で励ましてくれる親の存在がなければくじけてしまうでしょう。

つまり、中学受験は良好な親子関係が築かれてこそ、挑戦できるものなのです。

わが子には幸せな人生を歩んでほしい――。これはすべての親の共通の願いだと思います。そして、その選択肢の一つとして選んだのが中学受験です。

ところが、いざ中学受験の勉強が始まると、それまではいつもニコニコしていたお母さんが成績のことでガミガミ言うようになったり、それまで勉強を見てくれたことなんてなかったお父さんが突然、鬼コーチのように勉強を教え始めたりと、豹変《ひょうへん》してしまうことがあります。

中学受験の目標は志望校に合格することです。だから、志望校が求める学力レベルまで、お子さんの成績を上げていく必要があります。**中学受験をする学習面でのメリットは、「学習習慣が付く」「知識が増える」「考える力が付く」**などが挙げられますが、**それは正しい勉強のやり方をした場合**です。しかし、**一歩やり方を間違えてしまうと、すべてがデメリットに変わってしまう**のです。

どんな子でも「深海魚」になってしまう危険性はある

中学受験を経て中高一貫校に進学したものの、成績がさっぱり伸びずに下位をさまよう子がいます。そういう子を中学受験業界では、ひそかに「深海魚」と呼んでいます。暗い海の底にひっそりと暮らす魚と、成績低迷でスポットライトが当たることなく学校生活を送る姿が重なるからです。なんとも嫌なたとえですね。しかし、実際そういう子はどこの学校にも一定数います。さらに状況が悪くなると、不登校になったり、退学したりしてしまう子も……。

中学受験はわずか1点の差が合否を分けると言われています。そのくらい子どもたちの学力レベルは団子状態なのです。それなのに入学後に差が開いてしまうのはなぜでしょう？　それは、これまでの勉強のやり方に問題があったからです。**深海魚と呼ばれる子どもたちは、中学に入った時点ですでに勉強に疲れ、勉強嫌いになっている**ことがほとんどです。そういう家庭に**共通していえるのは、「勉強のやらせ過ぎ」と「間違った勉強観の植え付け」**です。

「きちんとやりなさい！」

「もっと頑張らないと、合格できないわよ」

「今、頑張れば、後がラクになるんだから」

「なんでこんな問題が解けないんだ！」

「こんなに偏差値が低い学校を受ける意味があるのか？」

などと、極端な叱咤《しった》激励で、やみくもに勉強をさせてしまうのです。

すると、子どもは親から与えられた大量のタスクを消化していくために、とにかく終わらせることに気持ちが向いてしまい、「納得しながら覚える」「自分の手を動かし、頭を働かせながら考える」といった正しい勉強のやり方が身に付かないまま、受験を終えてしまいます。そして、**「勉強は楽しい！」という経験に乏しいまま、「勉強」＝「嫌なもの」「つらいもの」になってしまうのです。**

そうやって勉強してきた子は、入試は突破することができても、すでに息切れ状態になっていて、中学に入った途端に勉強の習慣を放り投げてしまうのです。しかも、その頃になると思春期まっただ中に入り、親の強制力が効かなくなります。小学校のうちは親の言うことを聞いていた子も、自我に目覚め反発するようになったり、そのまま無気力になってしまったりします。すると、1年もしないうちに真っ暗な海の底をさまよう深海魚になってしまうのです。

この年齢の子どもにとって、自己肯定感はとても重要です。成績の良しあしは子どもの自己肯定感に直結します。ここが崩れ落ちてしまうと、「友だちにばかにされる」と友だち作りに消極的になってしまったり、「どうせ俺（私）なんか……」と投げやりな行動に出てしまったりして、学校生活自体を楽しめなくなってしまいます。わが子の幸せのためにと選択した中学受験で、このような状況になってしまっては本末転倒です。

間違った親のかかわりが、子どもを勉強嫌いにしてしまう

では、何が間違っていたのでしょうか？

まず、勉強のやり方です。冒頭でもお伝えしましたが、今の中学受験の入試問題は、高度な知識よりも「自分で考える力」が求められるようになってきています。親御さんたちが経験してきた受験勉強は、たくさんの知識を頭にたたき込み、入試に出そうな問題を何度もくり返し解くことで、得点力を上げていったという方が多いと思います。でも、それは大学受験のときの勉強法ではありませんでしたか？　多くの親御さんにとっての受験の記憶は、自分が最後に経験した大学受験にすり替えられていることがほとんどなのです。その勉強法は、今の時代の中学受験では通用しません。

また、高校3年生といえば、すでに大人に近づいていて、脳の前頭葉は完成し、精神的にも体力的にもタフになっています。しかし、中学受験に挑むのは、まだ発達の途中段階

にいる小学生。気分にムラがあるのは当然です。大人の一歩手前まで成長した高校生であれば、高い目標に向かって自分を律し、コツコツと頑張ることもできるでしょう。でも、**小学生の子どもは今が大事。今しか見えていない**のです。だから、「あなたの将来のためを思って言っているのよ」と言われても正直ピンと来ません。

特に付属中高一貫校を受験する家庭に多いのが、「今、頑張れば、あとがラクになる」という励ましです。言っている本人は、子どもに希望を与えているつもりなのかもしれませんが、この表現は子どもを勉強嫌いにしてしまう可能性が高いので気をつけましょう。なぜなら、そこに「勉強はつらいもの」というメッセージが込められているからです。

また、新型コロナ禍以降、リモートワークが導入され働き方が変わってきたことで、**子どもの中学受験に熱心なお父さんが増えてきました。**以前は中学受験といえば、お母さんと子どもの二人三脚というイメージがありましたが、共働き家庭がスタンダードになりつつある昨今、仕事をしながら子どもの受験のサポートをするお母さんの負担が大きくなっていました。そんな中で、お父さんの積極的な協力があるのはとても良い傾向だと思いますが、なかにはお父さんがかかわることでおかしな方向に進んでしまうことがあります。

一つは**自己流の勉強のやり方を教えてしまう**ケースです。これについては、後の章で詳しく説明します。

もう一つは、**正しく中学受験を理解していない**ケースです。よくありがちなのが、偏差値70超えの地方のトップ高校の出身で、その後、自分の努力によって難関大学に進学したという成功体験を持っているお父さんが、「わざわざ中学受験をして、偏差値50の学校に入れるなんて」といった発言をしてしまうパターン。そういう人にとって、偏差値50の学校は、勉強ができない子が集まる学校というイメージがあるからです。

しかし、同じ受験でも、中学受験と高校受験とでは、偏差値はもはや別物です。

偏差値というのは、そのテストを受けた人の全体に対して、自分がどの位置にいるかを表したものです。同じテストで同じ点数を取っても、まわりの受ける人が変われば、偏差値も変わります。中学受験に挑戦する子どもたちは、小学校では勉強ができる子がほとんどです。中学受験の偏差値は、そういう優秀な子たちが集まって受けるため、当然、数字はシビアになってきます。

また、塾の難易度によっても偏差値は変わってきます。難関校を目指す子がこぞって集まるサピックスの偏差値50は、中堅校がボリュームゾーンの四谷大塚の偏差値では55を超えます。そして、これらの偏差値帯の学校が、高校受験では偏差値70レベルの学校に値するのです。中学受験では偏差値50レベルの学校でも、その6年後の進学実績を見ると、国公立や私立難関大学への進学率は高く、決してレベルが低い学校というわけではないのです。

それを知らずに、親の価値観で学校の良しあしを判断してしまうと、子ども本人はその学校を気に入っていても、親からは認められていないと感じ取り、入学後の学校生活が楽しめなくなってしまうことがあります。

このように、**中学受験を幸せなものにできるかどうかは、親のかかわり方に左右されます。**

そのくらい親のかかわりが大切であることをまずは知っていただきたいのです。

中学受験と高校受験の違い

話を戻すと、子どもによって中学受験向きか、高校受験向きかという区別はほとんどありません。どちらにしても基礎学力は必要ですし、毎日の学習習慣は大切です。

よく「うちの子はまだ幼くて……」と子どもの成長を理由に中学受験を回避するご家庭がありますが、**中学受験をする、しないにかかわらず、盤石な基礎学力と学習習慣は小学生のうちに身に付けておきたいものです。そこを先延ばしにして困るのは、お子さんです。**

また「遊びたい年頃の小学生に勉強を強要するのはかわいそう」と言う方もいますが、それはその人の勉強に対するイメージが「勉強」＝「つらいもの」になっているからです。

確かに間違った勉強のやり方を続けていると、勉強がつらいものになってきます。でも、中学受験に挑戦する子どもたちの中には、「勉強は楽しい！」と思って取り組んでいる子はたくさんいます。

どんなに大変でも、楽しいことや面白いことがあれば、子どもは一生懸命に取り組みます。サッカーが好きな子だったら、たとえ毎日の練習が厳しくても、試合で点が取れなかったり、ライバルにレギュラーの座を奪われそうになったりしても、「よし、次は頑張るぞ！」と前向きな気持ちを持つことができますよね。勉強もそれと同じ。特別視する必要はないのです。つまり、中学受験に向かない子なんていないのです。

ただ、**情報として中学受験と高校受験の違いは事前に知っておいた方がいい**と思います。両者の違いは次のようなことが挙げられます。ぜひ参考にしてみてください。

【中学受験と高校受験の違い】

出題範囲	中学受験	学校の教科書内容レベルの出題は20%以下
	高校受験	公立高校の場合、学校の教科書内容レベルの出題は90%以上
内申書の重要性	中学受験	ほとんど関係しない（私立中の場合）
	高校受験	内申が点数化されて重要視される。副教科の点数も大きく影響。9教科バランス良く成績を上げる必要がある
親のかかわり	中学受験	反抗期に差しかかる子もいるが、親の学習へのかかわりが十分可能
	高校受験	親のコントロールは難しい。友だちや学校の影響を強く受ける
併願校の決めやすさ	中学受験	学力に応じた中学校から選択しやすい
	高校受験	近年、多くの私立では中高一貫化が進み、高校から私立高校へ進学する選択肢が減ってきている

知っておきたい❹

中学受験が過酷と言われる本当の意味

　昨今、首都圏では中学受験者数が増えています。中学受験を考えるきっかけはいろいろだと思います。例えば「どうしても親と同じ医者になってもらいたいから、医学部進学に強い学校に入れたい」というものから、「近所の公立中学では物足りなさそう」「コロナ禍で学びが止まってしまった公立よりも、ＩＣＴ（情報通信技術）の環境が充実している私立に行かせたい」「大学付属の中高一貫校でのびのびと過ごしてほしい」などさまざまです。

　ここ数年でいえば、「揺れ動く大学入試を回避するために大学進学が保証されている付属校か、高大連携が充実している学校に入れたい」「新しい大学入試に対して情報が豊富で手厚い対策もしてくれる学校に通わせたい」など、**大学入試改革を意識した受験が多く見られます。**中堅校の受験者数が増加しているのも、そういった理由からなのでしょう。

しかし、どのような動機であっても、また志望校の偏差値に差があっても、中学受験には親のサポートが必要です。

中学受験における親の役割はたった2つ

まず、小学生の子どもに進路や勉強法、学習のスケジュールのすべてを「自主性に任せる」ことは不可能です。そこが高校受験や大学受験とは大きく違う点です。

また、中学受験の勉強に塾通いは不可欠ですが、塾に入れさえすれば成績が上がるなんてマジックは起こりません。塾は各教科の各単元の概念や解き方は教えてくれますが、それを自分のものにしていくには、家庭学習が欠かせません。家で学習フォローをしていくのは、多くが親です。

そういうと、「親である私が勉強を教えてあげなければ！」と思ってしまいがちですが、**必ずしも親御さんが勉強を教えてあげる必要はありません。**安心しましたか（笑）？ いいえ、おそらく教えられないと思います。そのくらい今の中学受験の勉強はとても難しいものになっています。冒頭で「易しくなってきている」とお伝えしましたが、それは「以前よりは易しくなっている」というだけです。この本を手に取ってくださった方の中には、中学受験を経験されている親御さんもいらっしゃるかと思いますが、例えば30年前の中学受験で、首都圏の最難関校の一つである開成中で出題された算数と同じような問題が、今は標準レベルの問題として偏差値40～50の学校で出題されています。

また、近年の入試は「思考力」や「表現力」といった、親たちが子ども時代に学んでこなかった学力が求められています。このように、同じ中学受験でも親世代と令和時代とでは大きく異なっているのです。

ただ、勉強の中身については、それを専門に指導してくれる塾のカリキュラムに沿って進めていけば大丈夫です。それ以上に**大事なのは、「正しい勉強のやり方」を身に付けさせることと、「親の適切なかかわり」をすること**、この2点に尽きます。この2つは**どちらも親御さんの言葉がけや問いかけがカギを握ります。**特に子どもを気持ちよく勉強に向かわせるにはコツがあります。それを知っておくと、中学受験の勉強がうまく回っていくだけでなく、親子の関係がとても豊かで尊いものになっていきます。詳しくは後の章でも触れていきますが、**ポイントは「どこまで子どもの気持ちに寄り添えるか」です。**

大事なのはどれだけ子どもの気持ちに寄り添えるか

私たち大人は、つい自分の感覚や価値観で物事を捉えてしまいがちです。例えば「宿題はやるのが当たり前」「受験で合格を手に入れるためには、一生懸命に勉強するのが当たり前」といったように。でも、相手はまだ遊びたい盛りの小学生であることを忘れてはいけません。

振り返ってみてください。みなさんが小学生だった頃、毎日ちゃんと勉強をしていましたか？　「私は毎日していましたよ」と当然のような顔でおっしゃる親御さんがいますが、本当に一人でできましたか？　その隣にはお父さんやお母さんが優しく見守ってくれていませんでしたか？

また、子どもの頃、どんなことを親に言われるとうれしかったですか？　どんなことを言われると嫌な気分になりましたか？　そうやって、**自分の子どもの頃を思い出してみていただきたいのです。**すると、どんな接し方をすれば子どもが気持ちよく勉強に向かえるかが少しずつ理解できるようになってきます。

結局のところ、**中学受験の成功は、お子さんが「勉強は楽しい！」と思えるかどうかにかかってくるのです。**大人でもそうですが、楽しいと思うことは、どんどんハマっていくし、うまくいかないことがあっても、楽しいことなら「もうちょっと頑張ればなんとかなるかもしれない」と踏ん張りがききます。中学受験の勉強もそれと一緒。

「知らないことが分かるって楽しいな」「できなかった問題が解けるようになるって気持ちがいいな」と思うことができれば、子どもはどんどん勉強が好きになっていきます。そうすれば、自分から勉強するようになるのです。

ただ、今の中学受験の内容は子どもの力だけで進めていくのは難しいので、親御さんたちが期待するような「自走」までには至りません。なかには何でも自分でできてしまう子もいますが、それはごくまれなケースで、ほとんどの子どもには当てはまらないくらいの気持ちでいた方がやきもきせずにすみます。**「今はこの先、自走できるようになるための練習をしている時期なんだ」、そう思っておくといいでしょう。**忙しい共働き家庭にとって「自走」は魅力的なワードですが、それが完成するのはもうちょっと先のこと。ですが、**中学受験の勉強がその良いきっかけになることは間違いありません。**

中学生になった途端に、「これからは自分で勉強できるようにならないと」とパッと目を離してしまう親御さんは少なくありませんが、突然自主性を求めてもうまくはいきません。中1の夏休みくらいまでは見守り、もう大丈夫かなと思ったら少しずつ距離を置く。そのくらい「自走」までの道のりは長いのです。

知っておきたい5

「中学受験で勝てる子」とは

中学受験は小学校生活の半分を費やすほどの「親子のビッグプロジェクト」です。プロジェクトには必ず目標があります。中学受験における目標は志望校に合格することです。しかし、現実は中学受験で第1志望の学校に合格して進学できる子は、受験生全体の約3割に過ぎないといわれています。それだけ厳しい世界なのです。

では、第1志望校に合格できなければ、このプロジェクトは失敗に終わるのかといえば、そんなことはないと私は強く思っています。なぜなら、仕事と子育てはまったく別次元のものだからです。

子育ては大人同士の関係で構築される仕事と違って、「計画通りに進めていけばうまくいく」「この方法でいけば売り上げが伸びる」といった展開にはなりません。**「これをやっておけば、必ず成績が上がる」といった因果関係は存在しないのです。**

ですが、たまたま良いタイミングで何かの経験をして、それが知的好奇心を刺激し、学びに向かうことがあります。または、親御さんのちょっとした言葉に自信や勇気をもらい、頑張る原動力になることもあります。

でも、どのタイミングでやる気のスイッチが入るかは予測できません。

小学生の子どもは、成長発達の途中にいます。体力的にも、精神的にもまだ未熟なため、頑張れる日もあれば、頑張れない日もあります。そんなでこぼこな日々をくり返しながら、親子で一歩ずつ前へ進んでいく。時にはうまくいかなくて一歩戻ることもあるかもしれません。そこからもう一歩前へ、前へ。**その道のりが親子を成長させていきます。**

中学受験は人生のゴールではない

中学受験にチャレンジする子どもたちは、受験勉強を通じて勉強の楽しさを知ったり、思い通りに成績が上がらない悔しさを知ったり、「自分は頑張ればこんなにできるんだ！」という喜びを知ったり、「それでもかなわないこともある」といった現実を知ったりと、さまざまな経験をします。この経験は、普通に小学校生活を送っているだけではなかなか味わうことのできない貴重な体験になります。

また、親御さんにとっても、**子どもの受験を通じて「わが家の子育て方針って何だろう？」「この子に合った学校はどこだろう？」と、子育ての軸を改めて考える良い機会になります。**

仕事をしながら子育てをしていると、日々の生活を回していくことだけに気持ちが向きがちです。ですが、中学受験という親子のプロジェクトに挑戦することで、いや応なしに子どもと、そして自分と向き合うことになります。

小学生が相手のビッグプロジェクトは、思い通りにいかないことの連続です。そんな中で「今、この子はどんな気持ちでいるのかな?」「この子が気持ちよく勉強に向かえるようになるには、どんな言葉をかけてあげたらいいのだろう?」と子どもの気持ちに寄り添いながらベストな道を探ろうとします。そうやって、親も子も試行錯誤をくり返しながら成長していくのです。そして、家族の絆を深めていきます。

このプロセスこそが尊いのです。中学受験は長い人生の中で見れば、一つの通過点に過ぎません。**志望校合格はマイルストーンであっても、ゴールではないのです。**

中学受験を通じて培った「学びに向かう姿勢」や「考える型」は、これからの長い人生でもきっと役立つ力になるでしょう。中学受験を通じてより強く、より豊かなものになった親子関係は、お子さんにとって「絶対的な安心」となり、この先も心の支えとなっていくでしょう。その心の支えがあってこそ、子どもは大きく羽ばたいていけるのです。

中学受験の成功は志望校合格といった分かりやすい結果ではありません。**本当の成功は未熟だった親と子が失敗や成功をくり返しながら一緒に歩んできたというプロセスにあると思っています。**

このかけがえのない時間こそが家族の財産となり、それを経験できたというだけですでにもう成功なのです。そういう気持ちを持っていれば、どんな結果になっても最後は笑顔で中学受験を終えることができます。そして、それが本当の「幸せな中学受験」だと思うのです。本書のタイトルにある「中学受験で勝てる子」にはそんな意味が込められています。

次の章からは「幸せな中学受験」にするために知っておいてほしい「正しい中学受験の知識」と「親のかかわり方」についてお伝えしていきます。

第2章

3年間の中学受験ロードマップを知ろう

小3から直前期までのロードマップ

中学受験の勉強は、大手進学塾の受験コースがスタートする3年生の2月から3年間をかけて準備を進めていくのが一般的です。そこから3年間、各学年でどんなことを学び、どんなテストがあり、入試までにどんな力を身に付けておかなければいけないかについて頭に入っている親御さんは、そう多くないでしょう。塾にさえ通っていればなんとかなる。または、なんとかしてくれるだろう、そう思っている人が意外と多いのです。そうやって、なんとなく始めた中学受験は、遅かれ早かれどこかでつまずくことになります。

中学受験は小学校生活の半分にあたる3年間を使って準備を進めていく「家族のビッグプロジェクト」です。**その3年間がどのような道のりになっているか、事前に知っておくだ**

けで、心の持ちようはずいぶん違ってきます。

大事なのは親が「俯瞰《ふかん》的な目」を持つこと

ロードマップに例えてみるといいでしょう。スタート地点から3年後のゴール地点にたどり着くまで、どんな道を通るのか確認しておくのです。途中に大きな山や走りにくい道はないか。走りにくそうな道があったら、回避するべきなのか、迂回するべきなのか。事前に心構えをしておき、頑張って進むべきなのか。前もって進む道が把握できていれば、たとえ途中で走りにくい道にぶつかったとしても、慌てることはありません。

ところが、何も知らずに走っていると、突然でこぼこ道に出くわして慌ててハンドルを切り損ねてしまう危険性があります。場合によっては大事故を起こしてしまうことも。

中学受験もそれと同じで、事前に3年間のロードマップを把握できているかが、とても大きいのです。

4年生の学習ポイントは「学習習慣」と「基礎固め」

次の表は、中学受験の3年間のロードマップを示したものです。今の時代、中学受験をするのなら塾などでの勉強が不可欠です。ほとんどの塾では4年生コースがスタート地点になっていますが、実際の授業が始まるのは3年生の2月から。その前の秋以降に行われる入塾テストから同じ学年の受験生は「よーい、ドン！」と一斉に走り始めます。

4年生のカリキュラムは、いわゆる基礎作りを中心とした学習が行われます。算数なら計算力を付けることが一番の目標です。理科や社会は身の回りの自然や暮らしなど、子どもたちが普段、目にし、聞いたことを扱われることが多いので比較的理解がしやすく、4年生の時点で大きく落ちこぼれることはありません。

4年生での学習のポイントは、「学習習慣を身に付ける」ことと「基礎を固める」ことです。低学年から受験を意識していた家庭なら、学習習慣は身に付いていることが多いと思いますが、まだ不安定という場合は、4年生のゴールデンウイークまでには身に付けたいところです。なぜなら、**各塾のカリキュラムが本格的にスタートするのが、ゴールデンウイーク明けの5月から**だからです。それ以前は塾の授業や生活リズムに慣れるための準備期間という位置づけになっています。その間は進度が大きく進まないので、この期間に学習習慣を身に付ける練習をしましょう。そのためのポイントは、後の章で説明します。

4年生のうちは通塾も週2日程度なので、時間的にも余裕があります。すると、まだ余裕がありそうだからと、塾の宿題以外に別の問題集をたくさん買ってきて、勉強をやらせ過ぎてしまうご家庭があります。

4年生のうちは上位クラスをキープできるかもしれません。しかし、その成功体験が5年生になったときに足を引っ張ってしまう可能性が大。このまたくさん勉強をさせれ

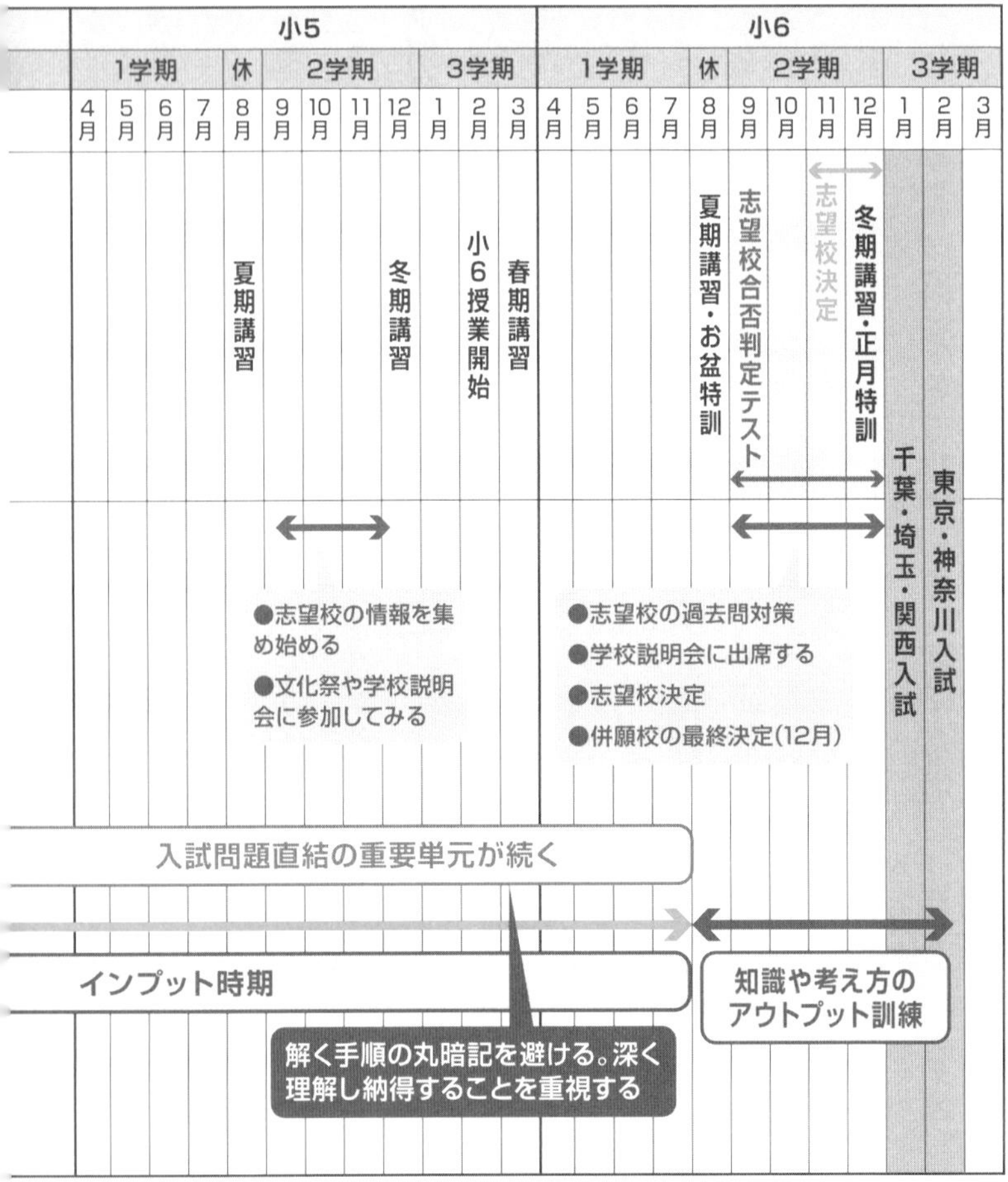

『中学受験は親が9割』(西村則康著・青春出版社)を参考に日経クロスウーマンが作成

中学受験までのロードマップ(大手塾に通う場合の例

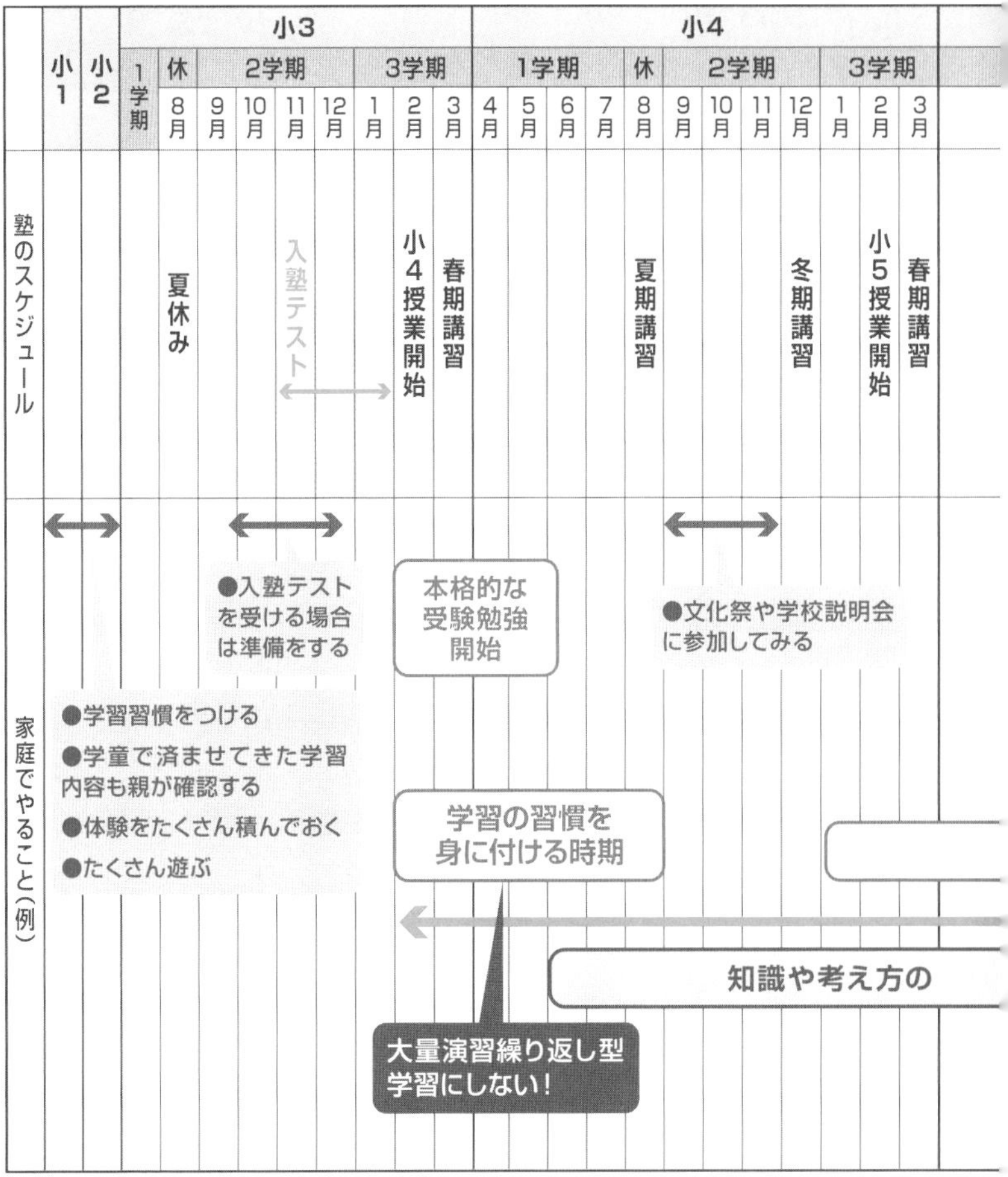

※ほぼ毎月月例テスト(マンスリーテスト)があります
※3カ月に1回程度、総合テストがあります

点数を最終目標にしながらも、家庭学習を重視する賢明さが大切になります。

ば、難関校に合格できると思い込んで、間違った勉強のやり方を通してしまうからです。
5年生になって塾の勉強が基礎から応用へとステップアップすると、学習量も難度も一気に跳ね上がります。すると、それまでの「大量学習による好成績キープ」という勉強のやり方が通用しなくなってしまい、ガタガタと成績を落とす子が出てきます。

毎日の学習スケジュールは親子で決める

4年生における理想の学習は、塾の勉強がスタートしてから半年位で（目標としてはゴールデンウイークまで）、まずは毎日の学習の習慣を付けることです。その際「いつ」「何を」「どのようにやるか」明確にしておいた方がいいでしょう。

学習スケジュールは親子で話し合って決めるようにしましょう。親が決めてしまった方が早いし、的確であることが多いのですが、それをやってしまうと親から言われたことだけをやるといった受け身の姿勢になってしまうからです。親御さんがある程度のアイデア

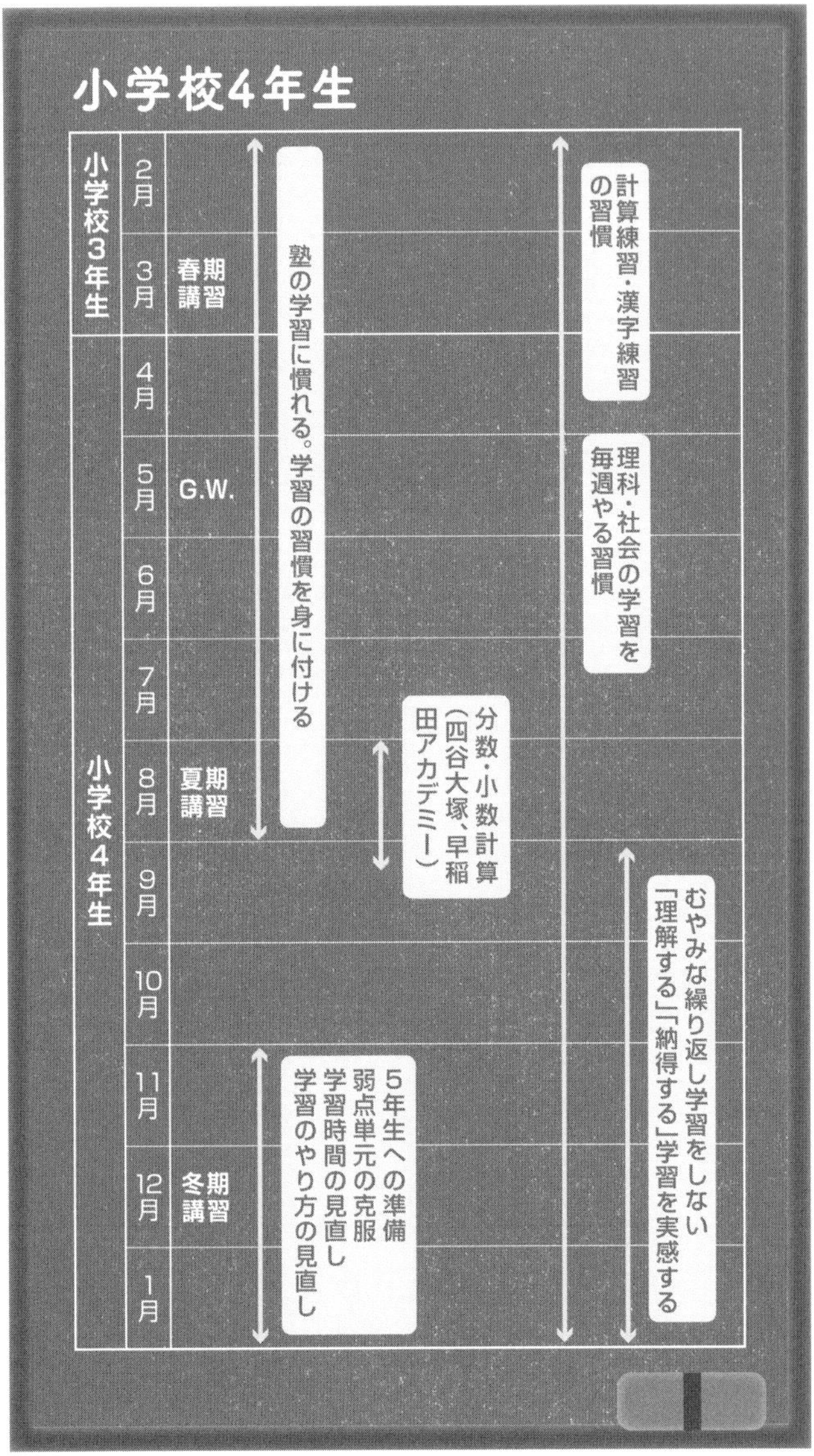
小学校4年生
小学校3年生
小学校4年生
2月
3月
4月
5月
6月
7月
8月
9月
10月
11月
12月
1月
春期講習
G.W.
夏期講習
冬期講習
塾の学習に慣れる。学習の習慣を身に付ける
分数・小数計算（四谷大塚、早稲田アカデミー）
5年生への準備
弱点単元の克服
学習時間の見直し
学習のやり方の見直し
計算練習・漢字練習の習慣
理科・社会の学習を毎週やる習慣
むやみな繰り返し学習をしない
「理解する」「納得する」学習を実感する

を出しつつも、「あなたはどうしたい？」「何から始めたい？」と子どもに**自由裁量権を渡してあげ、「自分で決める」経験を積ませてあげてください。**それが後々「自走」へとつながっていきます。

学習習慣が付いたら、4年生の学習はとにかく塾で習ったことをしっかり覚えること。ここで大事なのが、**ただ「覚える」のではなく、「納得して覚える」**ことです。「先生にここは大事だから覚えておけと言われた」ではなく、「○○は○○だから、○○なのだ」と、理由とともに説明できるかが重要。ここをおろそかにしてしまうと、5年生になってからつまずくことになります。

4年生の勉強は学習量を増やすことではなく、納得して覚え、きちんと分かった状態で解くこと。そこさえ押さえておけば、後は遊んでいて大丈夫です。むしろ、その遊びで得られた身体感覚が、後の勉強につながっていきます。

中学受験の山場、5年生は事前の対策で乗り越える

5年生になると通塾日が3～4日に増え、授業の内容も応用問題へと変わっていきます。さらに、入試に必要なほとんどの分野を5年生で終わらせるため、毎回の授業がものすごいスピードで進んでいきます。学習内容が難しくなるうえに、学習量も一気に増える。ここで多くの子は、「中学受験の勉強は大変！」と思うようになります。**このときに慌てることがないように、「5年生になったら、勉強が一気にハードになるんだな」と心構えをしておくことが大事。**そして、先を見据えた対策を取っておくのです。

先を見越した準備で焦らない

5年生で学習する内容は、入試問題で必ず出題される難しい単元のオンパレードです。**特に子どもたちが苦手とするのが、算数の「割合」と「比」の学習**です。

多くの塾では、5年生の6月に「割合」を、夏休みに「比」の学習をします。これらの単元は抽象的な概念の理解が必要になるため、小学生の子どもには難しく感じ「受験算数の壁」とも言われています。ですが、それも事前に知っていれば、慌てることはありません。

「5年生の6月以降は、算数で苦戦するかもしれないな。それなら、5年生の春にもう一度、割り算の復習をしておいた方が良さそうだな」

「5年生の夏前後は算数に時間が取られそうだから、今から理科・社会の復習をやっておこう」

といったように、事前に対策を取ることができます。来たるべき山場をスムーズに乗り越えられるように、事前に準備をしておくというわけです。そのように**少しでも予備知識**

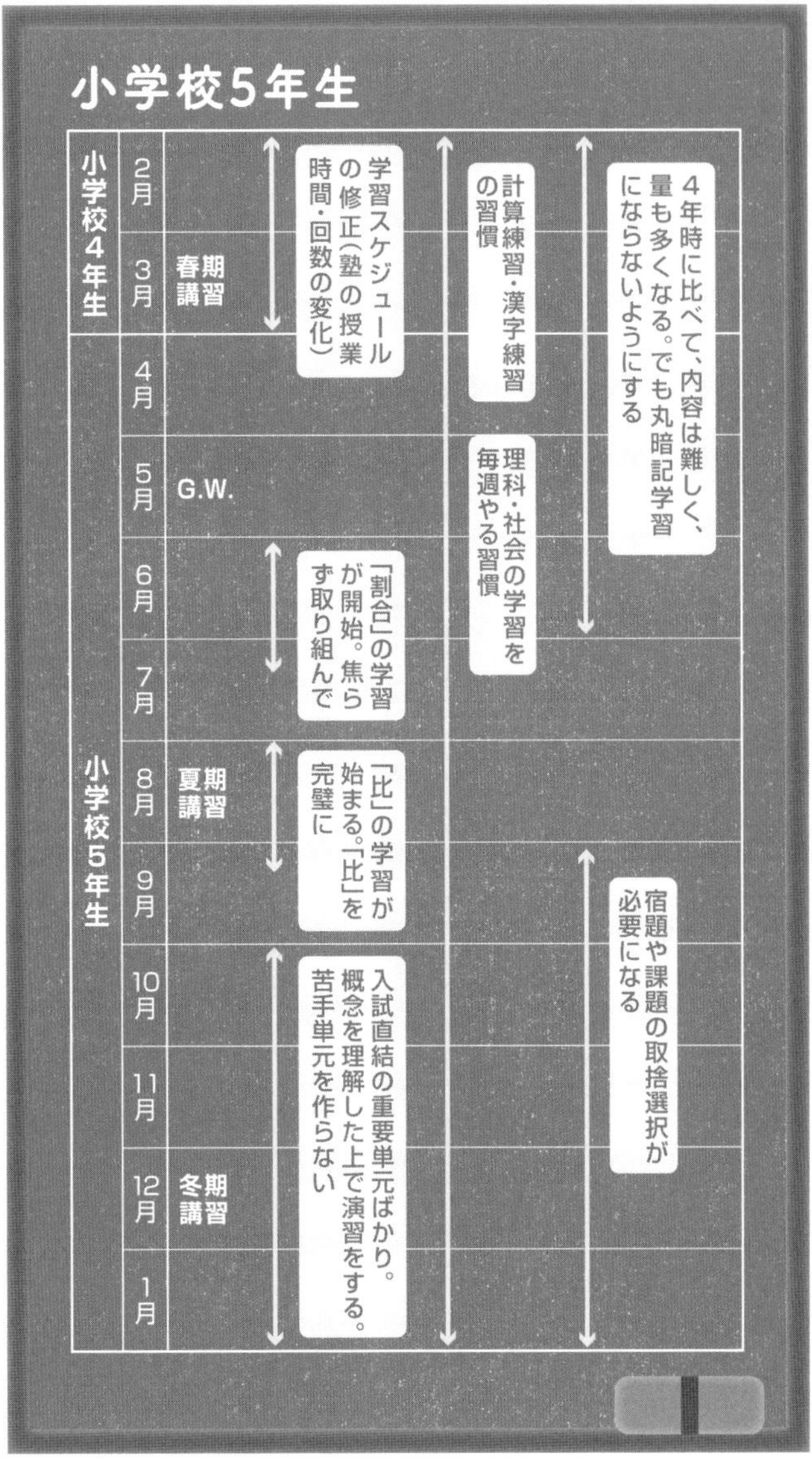
小学校5年生
小学校4年生
2月
3月
春期講習
小学校5年生
4月
5月
G.W.
6月
7月
8月
夏期講習
9月
10月
11月
12月
冬期講習
1月
4年時に比べて、内容は難しく、量も多くなる。でも丸暗記学習にならないようにする
宿題や課題の取捨選択が必要になる
計算練習・漢字練習の習慣
理科・社会の学習を毎週やる習慣
学習スケジュールの修正(塾の授業時間・回数の変化)
「割合」の学習が開始。焦らず取り組んで
「比」の学習が始まる。「比」を完璧に
入試直結の重要単元ばかり。概念を理解した上で演習をする。苦手単元を作らない

としてイメージを描けていれば、たとえ苦戦を強いられる状況になっても、親が想定以上に焦らず見守ることができると思います。

4・5年生の学習の注意点については、詳しくは第4章で説明します。

6年生は得点力を高める勉強に集中する

6年生になると、勉強はさらにハードになります。平日の授業に加え、秋からは志望校特訓が始まり、土日も塾に通うようになります。塾の宿題に加え、模試対策や志望校の過去問対策、苦手分野の弱点対策にも取り組むため、学校で過ごす時間以外は、ほとんど受験勉強に充てることになります。下図の各学年の「勉強量の目安」からも分かるように、**中学受験**

の勉強は学年が上がっていくごとにハードになっていきます。

6年生の1学期は、社会の公民の分野などを除いて、主にこれまで学習したことの総復習を行います。そして、夏以降は演習が中心になります。つまり**夏からは、これまで学んできたことの再現性を高める学習へと変わっていく**のです。秋以降、やるべきことは過去問の演習です。ここからは塾の成績からは切り離して、志望校に合格するための勉強に切り替えていきます。

また、6年生の9月から12月までは志望

受験カリキュラムでみる「学年別・勉強量の目安」

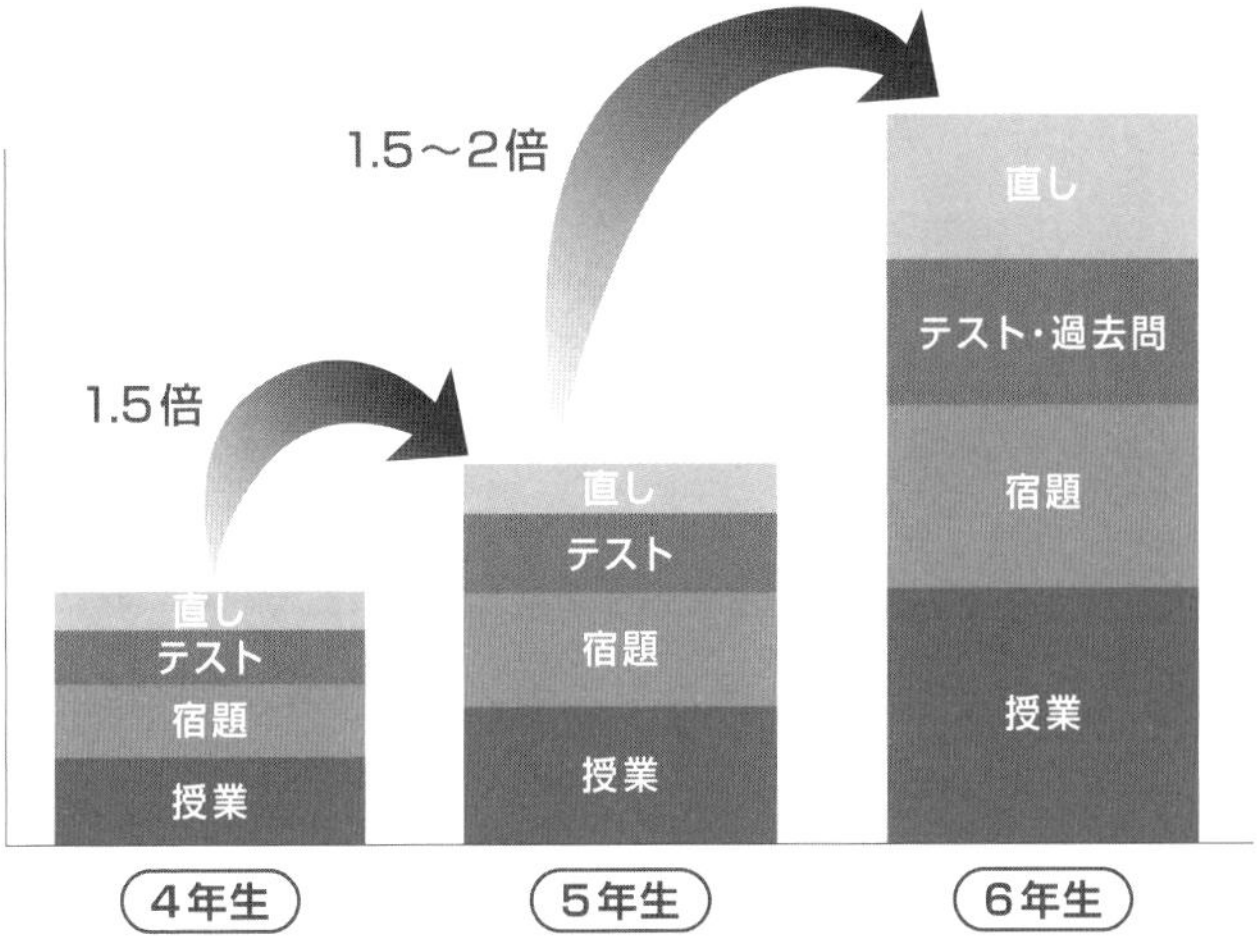

（資料提供：名門指導会）

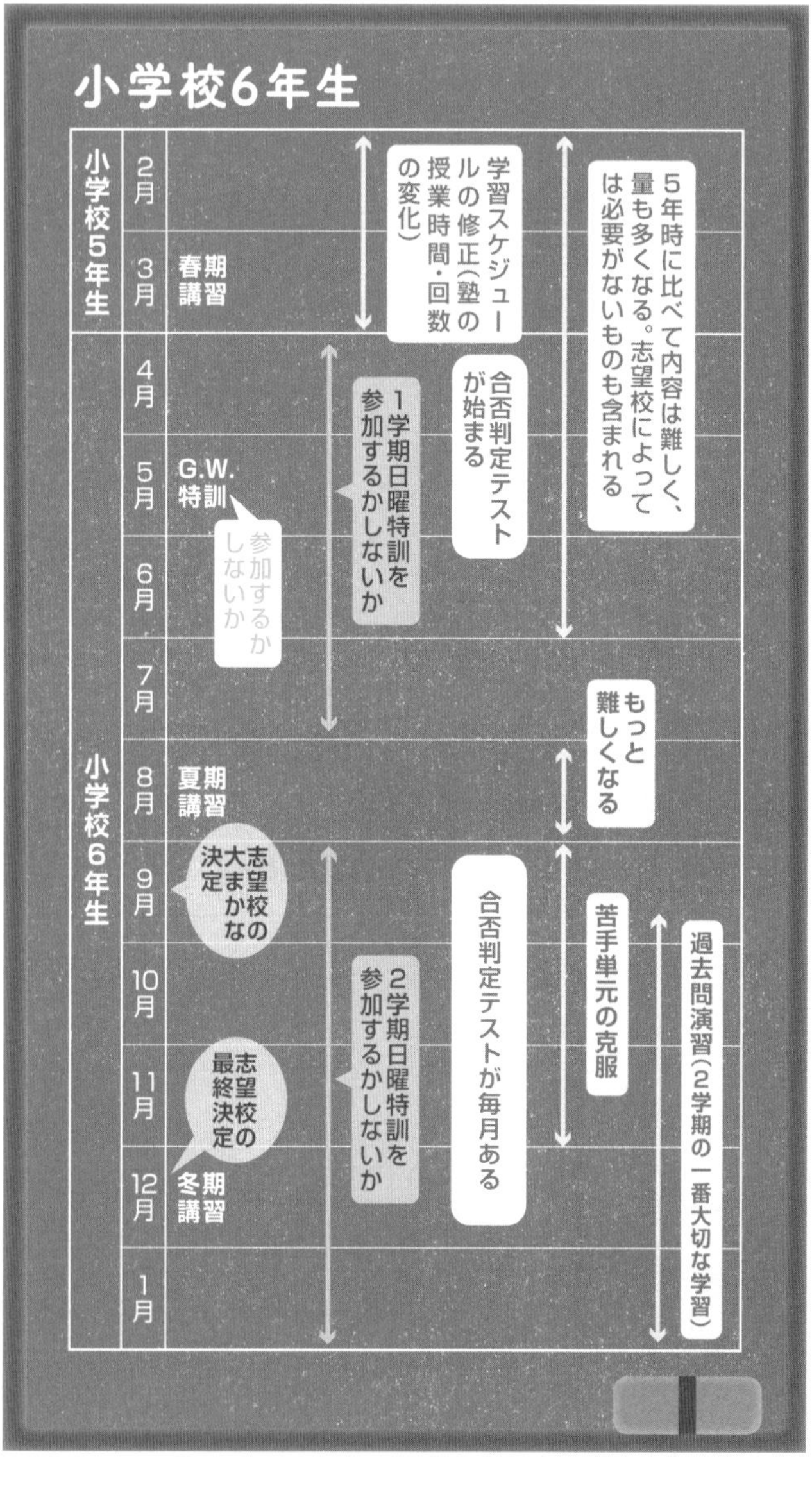
小学校6年生
小学校5年生
2月
3月
春期講習
小学校6年生
4月
5月
G.W.特訓
参加するかしないか
6月
7月
8月
夏期講習
9月
志望校の大まかな決定
10月
11月
志望校の最終決定
12月
冬期講習
1月
学習スケジュール の修正(塾の授業時間・回数の変化)
5年時に比べて内容は難しく、量も多くなる。志望校によっては必要がないものも含まれる
合否判定テストが始まる
1学期日曜特訓を参加するかしないか
もっと難しくなる
合否判定テストが毎月ある
苦手単元の克服
2学期日曜特訓を参加するかしないか
過去問演習(2学期の一番大切な学習)

校の合格可能性が何%かを見る合否判定テストが実施されます。それらの結果と過去問の相性を見ながら、最終的に受験校を決めていきます。過去問の取り組み方や受験校の選び方についてなど6年生の後半でやるべきことのポイントは、第5章で詳しく説明します。

成功の秘訣は「合格までの長い道のり」をイメージできるか

中学受験をスムーズに進めていく方法は、3年間のロードマップを把握しておくこと。

そして、「うちの子はここでつまずきそうだな」「うちの子だったら、ここはなんとかなりそうだ」と、その都度、お子さんの特性や成長と照らし合わせながら、対策を考えていきます。

そうやって**「合格までの長い道のり」をなんとなくでもイメージできていれば、たとえ想定外の連続であっても、必要以上に不安感に襲われたり、大事な直前期で焦ったりし過ぎることもないのです。**そして、親が焦らなければ、子どもは落ち着いて、目標に向かって頑張っていくことができます。

中学受験の第一歩は塾選びから

中学受験をするなら、今は塾に通うのは必須です。なかには「うちは通信教育だけで受験をした」という家庭もありますが、それは私立中学受験の経験を持つ親が、塾の指導に匹敵するくらいの熱心さと丁寧さで子どもの勉強を見てあげられたとか、あるいは子どもが勉強をしなくてもよくできる、ある種の秀才だった場合など、ごくまれなケースで、あまり参考にならないことの方が多いです。

また、近年「ゆる受験」という言葉がはやっています。首都圏の中学受験率が過去最高を更新する中、「中学受験をするからには、できるだけ偏差値の高い学校を目指したい」という従来からの主流ともいえる考え方とは別に、「うちは別にそこまで上を狙っているわけではない。だから、がむしゃらに頑張らせる必要がない」と、ゆるく構えている家庭の受験方針を指すものですが、たとえ偏差値的には上の学校でなくても、**小学校の勉強と中学受験の勉強は似て非なるもの**です。

小学校の勉強というのは「一つのことを実行すれば答えが出る」という単純な作業が多く、いわば基礎練習のようなもの。こうした基礎練習ももちろん大切ですが、中学受験の入試問題ではさらに発展させた問題が出されます。特に算数は小学校で学ぶ算数とは異なる「中学受験の算数」が必要になるため、それを習わなければ解くことはできません。だからこそ、専門に教えてくれる塾に通うことが必須なのです。

中学受験をするなら大手進学塾がベターな理由

中学受験をするのなら、まずは大手進学塾への通塾の検討をおすすめします。なぜかというと、大手進学塾には受験に必要な学習カリキュラムが整っているからです。また、多くの学校の入試問題の傾向と対策のノウハウを蓄積しているのも大きな強みです。

こうお伝えすると「大手進学塾に入っていれば、もう安心ね。後は塾の先生がなんとかしてくれるはず」と思ってしまう親御さんがいますが、それは危険な考えです。なぜなら、**塾は勉強の中身は教えてくれるけれど、「学びに向かう姿勢」や正しい勉強のやり方までは教えてくれない**からです。

ひとくちに大手進学塾といっても、対象となる生徒像はそれぞれ違います。また、カリキュラムの進度や宿題の量、チェックの仕方、お弁当の有無、保護者に対するスタンスも同じというわけではありません。特に共働き家庭は、どれだけ親である自分がかかわることになるのか気になるところでしょう。できれば、「塾に全面的にお任せしたい」というのが本音ではないでしょうか。ですが、必ずしも面倒見のいい塾が、お子さんにとってプラスになるわけではなかったりもするのです。そこで、「わが子」はもちろんのこと、「わが家と相性の合う塾」を選ぶことが重要になります。

首都圏の大手進学塾といえば、「サピックス」「四谷大塚」「早稲田アカデミー」「日能研」が四大塾として知られています。では、各塾ではどのような特徴が見られるのでしょうか。図にまとめましたので、参考にしてみてください。

	宿題の多さ	カリキュラムの進度 &難易度	どんな家庭向き?
	宿題(課題と呼んでいる)は多いが、チェックは甘め。テキストの難度が高いため、実力がない子は自分で進めるのは難しい。	どの塾よりも進度が速く、特に算数は5年で6年までの内容をすべて終わらせる。かなりの量のプリントが渡されるが、すべてを解くことは御三家志望クラスでも困難で取捨選択が必要。家庭でその選択をするのは難しく、家庭教師や個別指導を利用する率も高い。	親のフォローがかなり必要。プリント整理だけでも子どもだけでは困難。面倒見の良い塾ではないので、自走できる子や負けず嫌いな子向き。
	宿題は多い。予習は強制ではないが、講師による。タブレット学習にも力を入れている。	テキストが整理されていて、勉強がしやすい。基本から超難問までそろえているが類題の選定がしづらく、定着が曖昧になりやすいのが難点。	面倒見の良い塾。テキストも体系立ててあり、子ども自身で勉強が進めやすく、共働き家庭には管理がしやすい。
	宿題は多めで、やったかどうかのチェックも厳しい。	カリキュラムは四谷大塚の「予習シリーズ」に沿って進む。NN特訓は効果が高く、他塾から日曜のみ受講する生徒もいる。	しっかり勉強させる雰囲気で、面倒見はいい。塾の雰囲気が合うと伸びる。真ん中以上の成績で、さらに上を目指したい子におすすめ。
	宿題はやや多め、チェックは講師による。	進度は四大塾の中では一番遅く、復習重視型。進度の速い塾についていけなかった子が転塾してくるケースが多い。5年まではカリキュラムはゆっくりだが、6年で急に速くなり、レベルも上がるので注意が必要。	じっくり型の子向き。受験を意識するのが遅れた家庭でも挽回がしやすい塾。

【首都圏四大塾の特徴】

	特 徴	通っている子の志望校レベル	塾の雰囲気	
サピックス	プリントやテキストの整理は大変だが、塾弁はなし。ある程度自走できる子向き。	御三家、難関校志望クラスの層が厚い。	成績別のクラス分け。クラス数が多く、先生との距離は遠い。	
四谷大塚	テキスト「予習シリーズ」はよくできた内容で、子ども自身で勉強が進めやすい。	中堅校狙いが中心だが、最近は入塾率50%と入塾レベルを上げるなどして御三家合格率を増やそうとしている。	校舎や講師によって雰囲気が変わる。若い先生が増えてきた。	
早稲田アカデミー	宿題は多めで、体育会系の雰囲気が残る。日曜特訓(NN特訓)に定評がある。	最難関校から中堅まで。最難関校の厚みが増してきている。	体育会系の雰囲気。授業中も叱咤《しった》激励の声が響き、子どもによって合う・合わないは分かれる。	
日能研	復習重視でじっくり解かせるスタイル。子どもの後伸びが期待できる。	最難関校から中堅まで間口は広めだが、中堅が多い。	校舎によって雰囲気が異なる。クラスの席順が成績で決まる。それがモチベーションになるかはその子次第。	

「わが子」と「わが家」にとって相性の良い塾はどこか？

よく大手進学塾は早熟な子や競争心のある子に向いていると言われますが、必ずしもマイペースな子に向いていないというわけではありません。お子さんの学力レベル、性格を長所・短所の両面から客観的に見て、**お子さんが「ここなら頑張れそう！」と気持ちが乗ってくる塾を選ぶ**ことが大切です。例えば、学力でいえばそれまでの計算力や知識量の有無、性格面でいえば「気が強いか否か」「粘り強く頑張れるか否か」などといった点から判断していくと、どんな塾と相性が良いかおのずと見えてきます。

「難関校の合格実績が高いから」「仲の良い友だちが通っているから」といった理由で決めてしまうケースが多く見られますが、中学受験で第1志望校に合格できるのは全体の3割ほど。小学校では仲の良い友だちも、受験というステージに上がればライバルの一人になるのだということを忘れてはいけません。

塾を選ぶときは、子どもの性格や成長度合いを考慮することに加え、「わが家が求めている役割を果たしてくれるのはどこの塾か」という視点で選ぶといいでしょう。「役割」というと、押しつけ合うイメージになってしまうので、**「心強いパートナーとなってくれそうな塾はどこか」**というスタンスがいいと思います。

例えば両親がフルタイムで働いていて、子どもと一緒に過ごす時間が少ないという場合は、宿題のチェックを親がやるのか、塾がやるのかで、親の負担が変わってきます。宿題のチェックを親がしなければいけない塾しか選択肢になければ、宿題が比較的少ない塾を選ぶようにする。または、宿題のチェック程度ならできるけれど、勉強をつききりで見てあげる時間まではないという場合は、勉強のやり方をしっかり教えてくれる塾か、テキストにやり方や考え方が丁寧に書かれている塾を選ぶようにしましょう。

親ができないことをプロに頼むという考え方で、賢く塾を活用するのです。仕事のプロジェクトで例えるのなら、それぞれの担当部署を決めておくというイメージです。誰が何をするかという役割を明確にし、家庭と塾が協力し合いながら子どもの受験をサポートしていく。それが中学受験の理想の形です。

入塾テストはひとまず上のクラスを目指す

3年生の秋になると、各塾では入塾テストが複数回行われます。テストを行う目的は、塾の授業についていけるだけの学力レベルがあるかどうかを見る「入塾そのものの可否」と、入ってからの「クラス分け」のためです。

中学受験の準備は3年生の夏休み明けから始まる

入塾テストの準備は、3年生の夏休み明けくらいから少しずつ始めておくと良いでしょう。対象教科は国語と算数の2教科です。大手塾の入塾テストでは、学校で習う問題が約6割、残りの4割は、学校では半年先くらいに習う計算問題や文章問題が出題されます。国語なら3年生の学習範囲をすべて、算数なら4年生の計算問題まで取り組んでおきましょう。手前味噌になりますが、私が監修をした『中学受験　スタートダッシュ』（青春出版社）という問題集に、近年の入塾テストで出題された類題をたくさん紹介しています。考え方、解き方の参考になると思いますので、ぜひ活用してみてください。

お子さんがこれまで受けてきたテストといえば、小学校のテストくらいではないでしょうか。小学校のテストはオールカラーで文字が大きく見やすく、問題と解答欄が1枚の用紙にまとまっています。一方、塾のテストは白黒で文字も小さめ。国語なら文章が長く、設問の数もたくさんあり、余白がありません。問題は問題用紙にまとめ、解答は解答用紙に書く、と分かれていて、これまでなじんできた小学校のテストとは形態が大きく異なります。こうしたことを知らないと、まず見た目の違いに戸惑ってしまうでしょう。そうならないためにも、事前にこの形態に慣れておくことです。

大手塾に通わせるメリットはカリキュラムが充実している

大手塾では、上位クラスに入ることを目標にしておくと良いでしょう。なぜなら上位クラスに所属している方が、後々まで有利な点があるのは確かだからです。ただそれは、あくまで目標であり、**入塾後に正しい勉強姿勢と学習習慣を身に付けていけば、十分挽回が可能なので、上位クラスでないからといって、悲観する必要はありません。**特に近年では、入塾タイミングが早期化し、新4年生から入塾した時点で、以前から通塾する子どもたちが上位クラスに集まっている、ということも一部で見受けられます。ただそれは、塾のテストや授業に慣れているから高得点が取れるという背景もあり、「テスト慣れ」の差は必ず埋まります。いずれにしても**テストの際は、目標を持って臨む姿勢は大切**です。

大手塾の授業は、中学受験のために作られたカリキュラムに沿って進んでいきます。テキストはサピックスなら『デイリーサピックス』や『デイリーサポート』、日能研なら『本科テキスト』や『栄冠への道』、四谷大塚なら『予習シリーズ』といったように各塾のオリジナルテキストを使用します。早稲田アカデミーは四谷大塚の『予習シリーズ』と、『Wベーシック』などの副教材を併用しています。

四谷大塚の『予習シリーズ』は完成度が高く、「なぜそうなるのか」というストーリーも紹介されていて、子どもが読むのに楽しい内容になっています。市販（通信販売）もされていて、このテキストを使って授業を行っている中小塾も多くあります。しかし、2021年以降の大幅改訂からカリキュラムが大きく変わり、難度と進行速度が一気に上がったため、上位層クラスでなければ内容を十分に習得することが難しくなってきています。

サピックスのテキストは、毎週1冊ずつ小冊子になっていて、「1週間でこの内容をマスターすれば良し」という構成になっています。テキストを固定しないメリットは、いつでも容易に改訂できるため、常に最新の内容を提供できることです。しかし、バラバラになったテキストは整理整頓が必要となり、忙しい共働き家庭にとっては大きな負担になっているようです。

塾のテキストは誰もが理解できるように作られていない

このように、ひとくちに大手塾といっても、テキストの中身も授業が進む進度も違ってきます。しかし、一つだけ共通点があります。それは、**どこの塾のテキストも成績優秀な子を対象に作られている**という点です。

多くの塾にとって大切なことは、「その年に何人の生徒を難関校へ合格させたか」という実績です。塾を選ぶときに真っ先に気になるのが合格実績であるように、高い合格実績は塾の効果的な宣伝になります。だから、塾にとって一番ありがたいのは、難関校へ入ることができる実力を持った子どもがその塾に通ってくれることなのです。こんなことを言ってしまうと身も蓋もないのですが、その下にいるその他大勢の子は、塾の経営を支えるお客さんになってしまいかねないのです。

もちろん塾である限り全員を合格させることが使命ですが、上のクラスにはその塾のエース級の講師をそろえたり、難関校の冠がついた志望校対策講座を開講したりするなど力を入れているのは紛れもない事実。そのため、テキストもそうした成績優秀な子どもとその親を満足させるための内容になっています。

つまり、**塾のテキストは誰もが理解できるようには作られていない**のです。塾の授業は、その難しいテキストを使って進められていくので、当然理解できない子が出てきます。また塾テキストの解説は、授業を前提としているため、簡素です。授業の内容が分からないと面白くないし、出された宿題も自分だけで進めていくことはできません。そうなると、親の負担も増えます。

にもかかわらず、クラス決めの対象となる月1回のテストの内容は全員共通なのです。

上位クラスは優秀な子が集まっているため、その月のテストの範囲はすべて授業で習い終えていますが、それ以外のクラスでは、授業中に扱われなかった応用レベルの問題まで出題されることになります。順位の低いクラスになればなるほど、授業では基礎しか触れていないので、太刀打ちできない状況に陥ってしまうのです。

つまり、低いクラスに長くとどまっていると、授業で扱われなかった問題でもテストに出そうなら取り組むなどの対策を講じない限り、**上のクラスに上がりづらい構造になっているの**です。ですから大手塾、特に難関校を目指す場合は、入塾後、なるべく早いタイミングで上位のクラスに入れるかどうかが重要になってきます。

大手塾に行かなくても中学受験はできるか?

さて、ここまで中学受験をするなら大手進学塾に通う方が有利であること、その一方で大手塾に通うと、学年が上がるにつれてハードになっていくこと、そして下のクラスから上のクラスに上がるのが簡単なことではないことなどをお伝えしました。「そんな厳しい環境はうちの子には無理そう」「そこまでガチな中学受験は考えていない」というご家庭が検討するのが、地元の中小塾です。

結論から言うと、これらの塾でも受験対策は可能です。ただ、**地元の小中塾は講師の力によって大きく左右されます。**小規模であるため、手厚い指導をしてもらえる可能性はありますが、それによって学力が付くかどうかは別問題です。ですが、講師の教え方がとても上手で、さらに子どもとの相性が抜群だった場合は、予想以上に伸びることがあります。

中小塾に通わせるメリット・デメリット

小規模な塾は講師数も少なく、4年生から6年生までの3年間、同じ講師に担当してもら

えることも多いです。そのため、講師と生徒の信頼関係が強固なものになるという良さがあります。例えば、サピックスのように1カ月ごとにテストの結果でクラス替えをするような塾では、講師がなかなか生徒の名前と顔を覚えてくれない、そもそも覚える気もなかったりします。「御三家に入れるために通わせている」と割り切ればいいのですが、講師と密にコミュニケーションが取れるような環境を望むのであれば、素っ気なさを感じると思います。

ただ、同じサピックスでも小規模校舎の場合は、そこまでクラスの変動がないので、同じ講師の授業を受けられることもあります。大手進学塾の充実したカリキュラムを利用しながら、講師とのコミュニケーションも密に取っていきたいという家庭は、大手進学塾の小規模校舎をあえて選択するという方法もあります。

中小塾のデメリットは、大手進学塾ほどの中学受験のカリキュラムが整っていないことです。地元にある中高一貫校の情報は豊富で対策も得意だけれど、**少し離れたエリアの学校の対策には弱い**といった点も挙げられます。また、これらの塾ではベテラン講師がよく教えていますが、ベテラン講師ほど特に算数などは自分の解き方にこだわり過ぎて、他の解き方を受け入れず、それが時に学習の弊害になることもあります。近年の入試の変化を正しく把握し、アップデートしていくことも大切です。このように、メリット・デメリットがあることを知った上で検討するようにしましょう。

算数・国語などの専門塾はプラスαで併用する

近年、算数オリンピックに出場するような算数が得意な子を集めた算数塾や、国語の文章読解に特化した国語塾など、一つの教科を専門に指導する学習塾が増えています。そういう塾の合格実績を見ると、男女御三家をはじめとする難関校に多くの合格者を輩出しているケースが少なくありません。すると、「うちの子は算数が好きだから、算数に特化した塾に入れればもっと算数が得意な子になるのでは。中学受験は算数が得意な子が有利と聞くし」と大きな期待を持ったり、「最近は算数だけの1教科入試もあるし」と算数1本で中学受験を勝負しようとしてしまったりするご家庭があります。

しかし、私はその方法はあまりおすすめしません。まず、これらの**単科塾で合格実績を出している子のほとんどが大手進学塾に通いながら、プラスαとしてこれらの塾を活用しています。**中学受験では、算数が得意な方が点差は開きやすく有利に働きますが、算数だけができても合格は手に入れられません。やはり、4教科のバランスが大事。

また、算数だけの1教科入試もありますが、実施している学校は限られています。たとえその方法で合格できたとしても、入学後、4教科を勉強して中学受験を突破してきた子との間に学力の差が生まれてしまいます。

小学生のうちは4教科をバランスよく学習した方がいいでしょう。大手進学塾に通い、なおかつ余裕のある子で「自分の得意分野をどんどん伸ばしていきたい」「算数が大好き」という子であれば併用しても通ってもいいと思いますが、そこまでの余裕がない子は大手進学塾一本に絞った方がいいと思います。

勉強がどんどん好きになる「学びのサイクル」

共働き家庭が中学受験をする場合、一番気になるのが「毎日の学習をどこまで見ればいいか」という家庭学習のかかわり方ではないでしょうか。ですが、**結論から言うと、中学受験の勉強を親が全部見る必要はありません。**この言葉を聞いて胸をなで下ろした人は多いのではないでしょうか。ただ、ところどころでかかわってほしい部分があります。

まずは塾通いが始まったら、平日はどんな生活になるのか見ていきましょう。

中学受験の勉強は、塾の勉強を中心に行っていきます。塾に通う日は4年生で週2〜3日、5年生で週3日、6年生になると週4〜5日と増えていきます。しかし、「塾に行けば家では勉強をしなくていい」というわけではもちろんなく、塾がある日もない日も家庭学習は必要です。つまり、毎日の学習習慣は欠かせません。

理想の1週間は、前の週よりも一歩前進している状態

受験勉強には「学びのサイクル」というものがあります。サイクルは1週間単位で考えていきます。受験勉強をするに当たっての**理想的な1週間とは、1週間を終えたときに、その前の週よりも知識が増え、理解が深まっている状態になっていること**です。

近年、ほとんどの塾では、復習型の勉強を推奨しています。授業前に予習はしなくてもいいから、新しい単元は授業中に学習して、その後に家でしっかり復習をしましょうね、というスタンスです。特にサピックスは週ごとに新しいテキストが配られるので、そうせざるを得ないところがあります。

しかし、それ以外の塾ではすでにテキストがあります。テキストには新しい単元の学習が始まる前に、その単元の学習ポイントや関連する情報を紹介したページがあります。実

はこのページがとても充実しているのです。そこで、予習というほどではありませんが、**塾の授業を受ける前に親子で一緒に読んでおくことをおすすめします。**そのときに、「明日の授業はこんなことを習うんだね、面白そうだね！」「ここがポイントになるみたいだから、しっかり聞いておこうね」とひとこと伝えてあげると、受け身になりがちな集団授業が、「今日はこれを勉強するぞ」と能動的な授業に変わります。

しっかり予習をするのは大変ですし、必要もありません。その日に習う単元のページをパラパラとめくるくらいでいいのです。でも、それをやるかやらないかだけで、授業の理解度が違ってきます。

塾のある日は、その日のうちに「振り返り」をする

とはいえ、塾の学習を授業内で１００％理解できる子はごくわずかでしょう。その他大勢の子は何かしらの「分からない」を残したまま家に帰ることになります。そこで大切に

なってくるのが、「振り返り」です。習ったことをそのままにせず、その日のうちにいったん頭の中で再生する作業をするのです。この**「振り返り」を「復習」といいます。**

よく勘違いされるのが、「復習」＝「宿題」と思って、すぐに宿題をやらせてしまうケース。**宿題は授業の振り返りを行って、自分の知識としてきちんと定着してから行うもの**です。演習を行うことで、応用力を鍛える目的があります。その前のステップである復習を飛ばして宿題に取りかかっても、十分な理解が得られないまま、問題を前にただ頭を抱えるだけ。それでは意味がありません。

塾のある日は帰りが遅く、子どもも疲れています。でも、家でごはんを食べ、家族で団らんする時間はあるでしょう。その時間を使って、「今日はどんなことを勉強したの？」と親御さんが声かけをしてあげてください。「今日の算数は○○について習ったよ。○○はね、……」と**授業で習ったことを教えてもらう**のです。そのときに「教えなさい！」と強制するような雰囲気だと子どもは嫌がります。ここでは、きちんと授業の中身を説明してもらうことが目的ではなく、授業で面白かった話や先生の様子を話してもらったりする中で、「あ、あのとき先生はあんなことを言っていたな」と思い出すきっかけになることが大きな意味を持ちます。ですから、おしゃべりをする感覚でいいのです。

親御さんが「そんな面白いことを教えてもらったんだね」「また一つ物知りになったね」などと驚いたり、楽しそうに聞いてあげたりすると子どもは喜びます。する

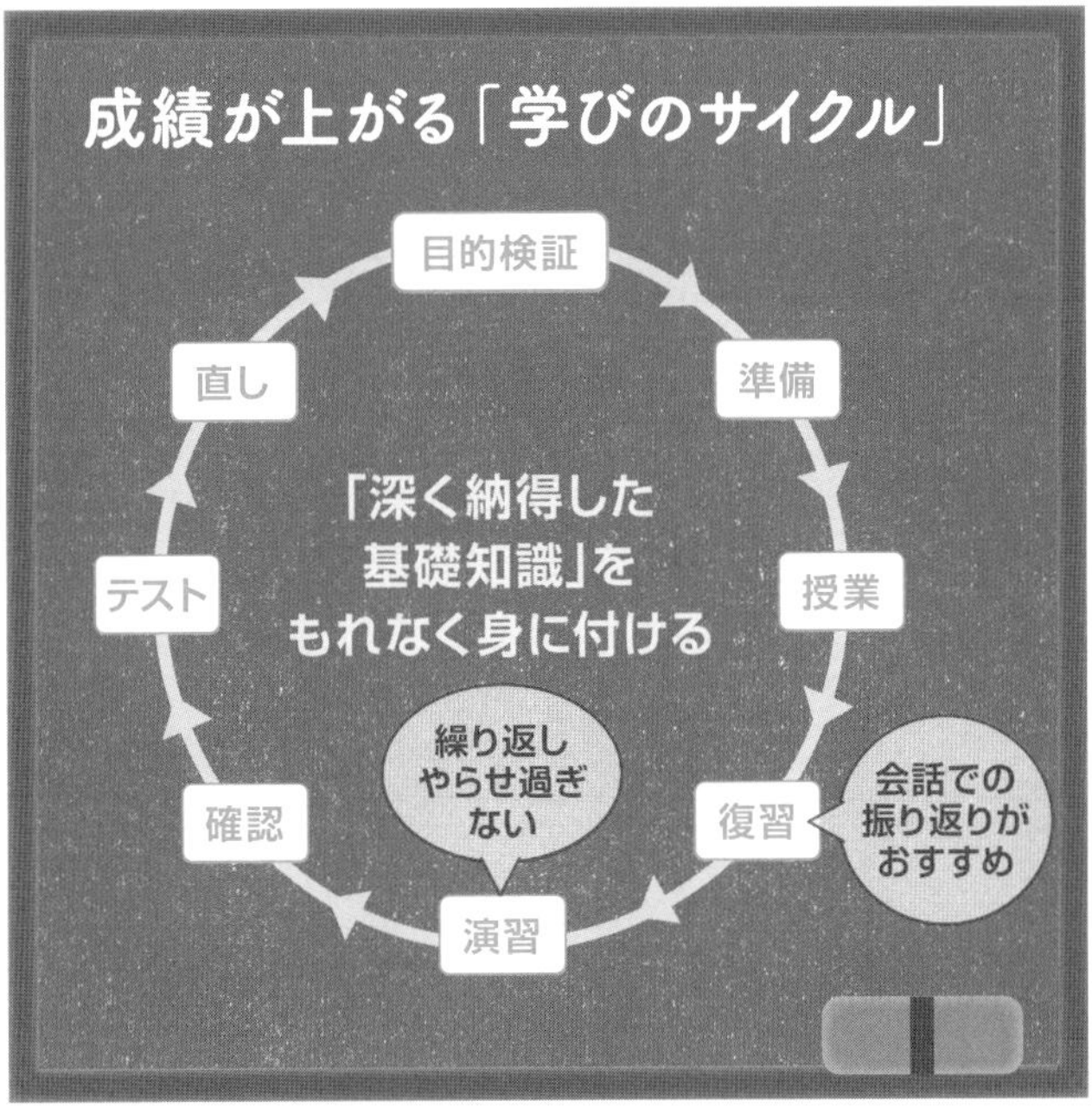

と、塾から帰ったらまず塾の話をすることが日課になります。そして、「今日も家に帰ったら、家でママ（パパ）に授業のことを教えてあげなくちゃ」という気持ちが自然に生まれ、一生懸命に授業を聞くようになります。

塾のある日に復習をしたら、塾のない日に宿題をします。また、各塾では毎週、その週に習ったことがきちんと定着しているかを確認するテストがあります。週テストでは満点を取ることを目標に頑張りましょう。間違えたところは、なぜ間違えてしまったのかその原因を見つけ、解き直しをします。そうやって、**できるだけ1週間のうちにクリアしておくと、次の週もこのサイクルを順調に回せるようになります。**

日々の親子の対話が好奇心を育む

中学受験の理想の進め方は、塾のカリキュラムを活用しながら、家庭学習をうまく回していくこと。ここがスムーズに回っていけば、勉強面で大きくつまずくことはありません。

だた、特に難関校の入試では、塾の授業で学習したことが理解できているというだけでは、合格するのが難しくなってきています。なぜなら昨今の入試は、どの教科においても「あなたは今の世の中にどれくらい関心を持ちながら生活をしていますか?」という内容の問題が増えているからです。では、なぜそのような問題を出題するのでしょうか?

それは、**子どもたちの「好奇心」を見ている**のです。

知識だけでは解けない令和の中学入試

近年の中学入試の問題文は、国語でも理科でも社会でも非常に問題文が長くなっています。こうした問題を解くときに必要となってくるのが好奇心です。好奇心があると、大人でも腰が引けてしまうような長文を前にしても「まずは読んでみよう」と思うことができます。特に難関校の理科入試は、塾で習ったことのない初見の問題が出されます。こうした問題を前にしたときに、「こんな難しい内容、分かりっこないよ……」とあきらめてしまうような子ではなく、「どれどれ、何が書いてあるのかな？」「ふむふむ、そういうことか！」「へぇ～、いいことを教えてもらったな」と面白がって読める子を難関校は求めているのだと思います。

中学受験の問題は、身近な自然や今、社会で起きていることがよく題材に取り上げられます。例えば、2024年度の渋谷教育学園幕張中学校の社会入試では、官庁街である霞ヶ関から首相官邸まで歩いて見学したことが事細かに書かれていて、問題には省庁の位置を聞くというものがありました。塾では各省庁の名称や役割は教えますが、それがどこに立っているかなんてことまでは教えません。

でも、毎日ニュースを見ていたり、家庭でそういう話をしてきたりした子であれば、霞ヶ関や永田町がどんな街で、どのように形成されているか映像が頭に入っているので、おおよそのイメージができたと思います。または、ニュースをきっかけに政治に興味を持った子なら、実際に街を歩いたことがあるかもしれません。省庁の位置は前後の文脈から解けるようになっているため、ここでは正しい場所を答えることが重要でないことは分かります。おそらく**学校が本当に知りたかったのは、「小学生の日常」**でしょう。

受験勉強しかしてこなかった子はもういらない

社会と言えば、暗記科目と思っている人は少なくありません。しかし、近年の社会入試は、塾で学習した知識をただ丸暗記するだけでは解けないような問題が出題されています。問題形式としては地理と歴史と公民の統合型とも言えますが、これらの問題を出す学校の思惑として、「今の世の中の背景や必然性などが理解できているかどうか」「またはそうしたことに関心があるかどうか」を見ているように感じます。別の見方をすれば「あなたは机の上の勉強だけをしていませんか?」「受験勉強に忙殺されていませんか?」と、受験生のこれまでの生活を確認しているようにさえ見えます。

中学受験の勉強が始まると、「何をどのくらいやらせるか」といった手段や量に目が行きがちです。けれども、**「何を学習するか」以上に大切なのが、「どんな気持ちで学習するか」というマインド**です。どんなことでも「楽しい」と思えれば、夢中になって取り組みます。勉強だって同じです。中学受験の問題は、小学生の子どもたちの身の回りにあることや見聞きしたことが題材になります。これらに関心があるか、面白いと思えるかは、それまでの大人のかかわりが大きく影響を与えます。

「あれはやったの？」「これもやらないと」とタスク確認をするだけの毎日では、子どもの好奇心は芽生えません。日常生活の中にある不思議や世の中の出来事について、日ごろから家庭でどれだけ対話を重ねてきたかが、3年後の入試を変えていきます。「こんな問題は塾で習っていないから、解けないよ……」とひるんでしまうか、「あっ、これ前にお父さんとニュースを見ながら話をしたことと似たようなことが書かれている！」「どれどれ、なんて書いてあるんだろう？」とワクワクしながら問題に向かえるか――。

その差を生むのは、これまでの「家庭での過ごし方」なのです。

中学受験の勉強も大事ですが、それよりも**もっと大事なのは「日常生活そのもの」**です。従来の入試では、「あなたは何を勉強しましたか？」と知識を問う問題が主流でしたが、令和時代の入試は「あなたは今までどのような日常生活を過ごしてきましたか？」を問う問題へと変わってきています。こうしたことを意識しながら、日々の親子の会話を豊かなものにしていく。その積み重ねが、3年後の合否を分けるのです。

第3章

目指せ「受験で勝てる子」！成功へと導く「親メンタル」

「受験に強い子」の親の共通点

中学受験のプロ家庭教師として、長年たくさんの家庭を訪問していると、最初の訪問でその子がこれまで家でどんなふうに過ごしてきたかが、おおよそ分かってくるものです。

私は家庭訪問で指導するときには、必ず親御さんに同席をお願いしています。プロの指導を見せることで、今後の家庭学習の参考にしていただきたいからです。それともう一つ、これはご本人にはお伝えしていませんが、**親御さんのお子さんへのかかわり方を見る**ためです。

例えば算数の問題を解いていたとき、その子が立てた計算式について「本当にこの式で計算したら答えが出そう？」とわざと聞いてみることがあります。すると、家でのびのびと過ごしてきた子は「うん、大丈夫！　絶対そう」と自信を持って答えます。それに対し、こちらが尋ねた瞬間に横にいる親御さんの顔をチラッと見て、表情が険しいのを感じると自信がなさそうに下を向いてしまう子もいます。こういう振る舞いを見せる子は、普段から親御さんの顔色をうかがって勉強したり、いい子を演じたりしています。

中学受験で伸び悩むのは、まさにこの手のタイプの子です。**親御さんが教育熱心で過干渉なばかりに、小さい頃からあれこれ言われて、自分に自信が持てなくなっている**のです。

チャレンジする心を育む「なごやかな親子関係」

約3年以上に及ぶ受験勉強生活の中で、膨大な数の問題に挑んでいきます。それらの**問題を解くときに不可欠なのが、自分ならきっとできるはずと思える「自信」と、知らないことを知るのは楽しいと思える「好奇心」。そして、その心の支えとなるのが、「なごやかな親子関係」**です。

子どもにとっての安全で安心できる環境では、**お父さんとお母さんがたいていい機嫌良くしています。**「なごやかな親子関係」には、なごやかな親子の会話があります。家庭の中がそういう雰囲気であれば、子どもは親の顔色をうかがわずに、思いのまま話すことができます。おかしなことを言っても怒られないし、笑ってくれる人がいる。すると、子どもは人に話をすることが好きになり、自分が「こうだ」と思ったことを伝える力が自然に育まれていきます。これは、新しい学力として伸ばしていきたい「思考力」や「表現力」に通ずる力です。

「どんなことを言っても大丈夫」と安心を手に入れた子どもは、外への興味が広がっていきます。特に小さな子どもは、見るもの聞くものすべてが興味の対象になります。はじめは「面白いな、楽しいな」と思って見たり聞いたりしていたことが、次第に「不思議だな、なぜだろう?」と知的好奇心に変わったとき、「なぜ?」「どうして?」という言葉があふれるように出てきます。

このときに、「よくそんなことに気がつけたね！　さすがだね」と親御さんが子どもの視点を認め、褒めてあげると子どもは誇らしげな気持ちになり、自分に自信をつけます。同時に、「分からないことを不思議に思うことはいいことなんだな」と感じ取り、日常の中のさまざまなことにますます興味関心を持つようになります。そして、「知らなかったことが分かるのは楽しいことなんだ」と学ぶ楽しさを知り、自分から学ぶ子になっていきます。

このように**「なごやかな親子関係」という土壌があると、「自信」も「好奇心」も育んでいける**のです。中学受験を成功させる秘訣はまさにコレ。**親としてやるべきことが多そうに感じる受験サポートですが、実は大切なことは一つ**です。

とはいえ、忙しい親にとって、余裕がない中でイライラしたりすることも当然あるでしょう。ゆとりを持つことは親御さん自身の心身のためにも大切ですが、そうはいってもいられない、という人も多いはず。気づいたら眉間にしわがよっている、なんてこともあるでしょう。「なごやかな親子関係」と聞いて自信がない方は、**多少意識してでも機嫌良く**

子どもの前で過ごす時間を作ってみてください。子どももきっと落ち着いて、家の中があたたかな空間になる、それを親が感じられたら十分です。

「受験に強い子」にする親のかかわり

これまで受験生を多く見てきた中で、確かに「受験に強い子」がいます。そういう子の共通点として挙げられるのが次の3つです。

❶ 基礎学力がある

❷ 学習習慣が身に付いている

❸ 自分に自信がある

③「自分への自信」は、先ほど触れた「なごやかな親子関係」のもと、育まれていくものですが、これらはある程度成長し、受験勉強を進めていくうちに、自然と身に付いていくものと思われがちです。しかし、実は子どもの力だけで身に付けていくのは難しいものばかり。**特に小学生の場合は、親御さんの適切なかかわりが必要**になります。

第1章で、中学受験に挑戦できるかの判断基準として5つを挙げました。理想としては、中学受験の勉強を始める前の低学年のうちに学習習慣を身に付けておきたいところですが、4年生のスタート地点ではまだ不安定な子の方が多いでしょう。でも、中学受験をするのであれば、基礎学力と学習習慣は早い段階で身に付けておかないと、後々まで親子で苦労することになります。何事もはじめが肝心です。

「できて当たり前」ではなく、子どもの頑張りを認める

4年生の段階でこの3つがうまくいっていない場合、基礎学力と学習習慣はセットで身に付けていくようにしましょう。家庭学習は朝30分と夕方から夜にかけて1時間など、ある程度、時間を決めておいた方が習慣化しやすくなります。とはいえ、はじめからきちんとできる子なんてほとんどいません。ですから、**最初は時間にこだわらず、「毎日勉強ができた」かに注目**します。考えてみてください。大人だって朝はできるならゆっくり寝ていたいですよね。時間にすればたった30分ですが、朝に勉強をするのは、習慣化していない子にとってはなかなかつらいものなのです。だから、はじめは計算問題3問、漢字3つからでもOK。まずは、その時間に起きて勉強するという習慣づけの練習から始めてみてください。30分できなかったとしても、少しでも勉強に向かえたら「朝ちゃんと起きられて

えらかったね」「眠いのに頑張ったね」と褒めてあげてください。そうやって、少しでも頑張った姿が見られたら、子どもの頑張りを認め、褒める。これをくり返していくうちに毎日の学習が習慣化していきます。

朝学習は計算や漢字などのドリル学習が向いています。はじめは起きたばかりで頭がうまく働かないかもしれませんが、手を動かすことで次第に頭がクリアになってくるので、目覚めの学習にはちょうどいいのです。このように**学習習慣を身に付けていくと同時に、基礎学力も身に付けていくことができます。**

学習習慣は4年生のゴールデンウイークまでを目標に身に付けていくようにしましょう。もちろん、3年の間には気分が乗っている日もあれば、乗らない日もあり、毎日必ずできるわけではありません。学年が上がれば学習量が増え、勉強の中身も難しくなり、家庭学習もハードになっていきます。それでも毎日コツコツと勉強に向かうには、誰かの励ましがなければ、くじけてしまうでしょう。

ところが、多くの親御さんは「中学受験をするのなら、毎日勉強するのが当たり前」と勝手にハードルを上げ、ちゃんとやったかどうかのチェックをしようとします。そして、できていないと「ちゃんと勉強しなさい！　そんなんじゃどこにも合格できないわよ！」と叱ったり、「○○ちゃんはちゃんとやっているのに、あなたは……」と他の子と比べたり、あからさまにため息をついたりと、子どもを非難してしまう……。こうした日々が続くと、「勉強のことになると、お母さんはガミガミうるさく言う」「お父さんが急に厳しくなる」などと**マイナスのイメージを持つようになり、勉強嫌いな子になってしまいます。**

親の観察眼を磨くことが最重要課題

中学受験は子どもの学力で合否が決まる受験です。だから、子どもに頑張ってもらうしかありません。気持ちにまだムラがある発達途上の小学生に頑張ってもらうには、「この子はどんなときにやる気を見せて、どんなときに勉強をしたがらないのか」をよく観察し、

「どうしたら気持ちよく勉強に向かえるか」という視点を持って接していくことが大事。つまり、**親の観察眼を磨くことが最重要課題**なのです。

そんなことを言われても、「何をどうしろというの？」と思った人もいるでしょう。そういうときは、まずは「自分が小学校のときは何ができて、何ができなかったのだろう？」「どんなことを言われたらうれしくて、どんなことを言われるのが嫌だっただろう？」と**わが身を振り返ってみてください**。または、ご自身の親御さんに「私が子どもの頃ってどんな子だった？」と聞いてみるのもいいでしょう。たったそれだけで、親としての理想から見るのではなく、「そうそう、小学生の子どもってこんなんだよな」と一歩引いて見られるようになります。

最後に勝つのは「私ならできる」と思える子

子どもへの観察眼が付いてくると、理想の状態と比べてダメ出しすることが減り、その子なりの頑張りに気づいてあげられるようになります。すると、これまではなかなかな勉強を始めない子どもにガミガミ言っていたのが、「時間通りには始められなかったけれど、やりたかったゲームを途中でやめて、ちゃんと勉強に向かうことができたね。我慢できてえらいね」と子どもの頑張りを認めねぎらう言葉に変わっていきます。

そう言われて、子どもは嫌な気持ちにはならないでしょう。むしろ、「お父さんとお母さんはちゃんと私のことを見てくれているんだ」と感じ取り喜ぶと思います。高学年になると思春期に入り、感情をあまり表に出さなくなってくる子も出てきますが、それでもやっぱり小学生の子どもは親に褒めてもらいたい、喜んでもらいたいという思いがあります。表向きは「志望校に合格する」という目標のために頑張っていたとしても、心の内は**「お父さん、お母さんに認められたい」という気持ちが学習へのモチベーションのもとになっているのは間違いありません。この気持ちが「自走」へ向かうきっかけにもなります。**

受験勉強とは結局、こうしたちょっとした我慢と努力の積み重ねで、質が高まっていくものなのです。だからこそ、**子どもなりの頑張りにスポットライトを当て、褒める。受験準備期間の3年間は、そのくり返し**だと思っておきましょう。そうやって、毎日ちょっとずつ自分の成長を認めてもらえることで、子どもは小さな成功体験を味わい、自分に自信をつけていきます。そして、**最後に受験に勝つのは、大量の演習をくり返してきた子ではなく、毎日親からくり返し前向きな言葉を渡されてきたおかげで、自分の力を信じられるようになった子**なのです。

子どものやる気をそぐ親の3大NGワード

中学受験の成功は、「子どもを気持ちよく勉強に向かわせること」。それは頭では分かっているけれど、理想論通りにはいかないのが子育てというもの。つい感情が抑えきれず、あれこれ口出ししたくなりますよね。それが普通だと思います。

でも、わが子の幸せを願って挑戦することにした中学受験で、親のひとことが原因で勉強が嫌いになってしまったり、親子関係がギスギスしてしまったりしては本末転倒。そこで、つい言ってしまいがちなNGワードを3つ挙げておきます。これは、低学年の時期でも同様の避けたいフレーズですが、本格的に受験勉強が始まると、より親御さんも「言わずにはいられない」という状況が何度も訪れるでしょう。そんなときは、**感情任せで言うのではなく、できるだけポジティブな言葉に変換**するよう意識してみてください。そうすれば摩擦が生じることなく、親御さんの思いを伝えることができます。

NGワード①「早く勉強しなさい！」

「早く勉強しなさい！　一体、いつになったら始めるの？」

子ども自らが動き出してくれることを信じて待ってみたけれど、待てども、待てども勉強を始める様子が見えてこない。そんなときはさすがにしびれを切らし、言いたくなる言葉です。しかし、このトーンで言われると、子どもには親から叱られたことだけが印象に残ってしまい、「勉強は嫌なもの」「我慢してやるもの」と感じるようになります。

約束した時間になっても、すぐに行動に移せない子には、否定的な言葉で責め立てるよりも、**選択権を渡すような声かけをする方が効果的**です。

「勉強の時間になったけど、今、始める？　それとも遊びを一段落させた15分後に始める？」

「夕食前に宿題をやっておく？　それともご飯を食べてからにする？」

このように、選択肢を渡して、子ども自身に選ばせるのです。そうすれば、「イヤイヤやらされている」と感じることはありません。また、自分で決めたことなので、ちゃんとやろうとします。

もしくは、子どもの自尊心をくすぐる言葉がけもおすすめです。

「あれ？　あなたは努力の天才なのに、今日はどうしちゃったのかな？」

「お母さん、いつもあなたが頑張っていることを知っているよ」

少しわざとらしく感じるかもしれませんが、子どもは案外こういう言葉にコロッといきます。「そうか、僕はいつもならちゃんとできるんだよな。じゃあ、今日も頑張れるかもしれない」、と体が動き始めたらしめたもの。

自分から勉強する子にする一番の近道は、勉強嫌いにしないことです。親御さんが勉強を強制すればするほど、子どもは「勉強は嫌なもの」と感じ、勉強から遠ざかろうとします。

時間通りにやらせることよりも、完璧に終わらせることよりも、多少でこぼこがあっても、少しでも頑張っている姿が見られたらねぎらい、褒める。そのためには親御さんも自分の感情をコントロールする努力が必要なのです。

NGワード②「あなたは○○だから、△△すべきよ」

「あなたは字が汚いから、もっとキレイな字を書かないと丸がもらえないよ」
「あなたはいつも雑だから、計算ミスが多いのよ。もっと丁寧にやりなさい」

解き方は理解しているのに、字が汚かったり、雑だったりするために、つまらないミスをしてしまう。親にとってガッカリなことを平気でしてしまうのが小学生というもの。そこで、「今のうちになんとかしなければ！」とこのようなアドバイスをしてしまいがちです。しかし、言われた方は自分自身を否定されたように感じて傷つく子もいれば、なんだかよく分からないけれど、お母さんがイライラしていると感じるだけの子もいたりして、あまり効果が期待できません。何よりこの言葉は「子どもを勉強嫌いにしてしまう」危険性があります。

前半の「○○」はできていないことの指摘、後半の「△△」はこうするべきという義務を表し、こんな言い方をされると、子どもは「自分は叱られている」と思ってしまい、「お母さんはいつも勉強のことになると叱ってばかりいる。勉強なんてやりたくない」という展開になりかねないのです。

だからといって、放っておいてもできるようになるとは思えない。であれば、伝え方を変えてみる工夫が必要です。おすすめは**「私はあなたに△△してほしい」と私を主語にしたアイメッセージにしてみる**のです。

「解き方は分かっているのに、計算ミスで×が付いちゃうのってめっちゃ悔しいよね〜。お母さんも悔しいから、もう少し丁寧に字を書いてほしいなぁ」

こう伝えるとどうでしょう。叱られているようには聞こえませんよね。「確かにそうだな」と納得し、アドバイスとして素直に受け入れてくれそうな感じがしませんか。

または、**正反対の言い方に変えてみる手も**あります。

「あなたはいつもスピーディーだから、もう少し落ち着いて書くといいと思うわ」

本心は「雑」だと思っていても、「スピーディー」という言葉に言い換えると、不思議と長所のように感じるもの。言われても嫌な気持ちにはなりません。同じ特徴を短所として伝えるのではなく、長所として伝えて気づかせるというテクニックです。

ただ、こうした気の利いた言葉は、親の気持ちに余裕がないととっさには出てきません。

そこで、**すぐに言葉が出るように「短所→長所」の言い換えワード集を作っておく**ことをおすすめします。中学受験で頑張るのは子どもですが、子どもに気持ちよく勉強してもらうためには、親も子どもに響く言葉を探して練習し、習得していかなければなりません。**自然に口に出すのは難しいという場合は、役者になって演じてみる**という考えでも構いません。名俳優を目指してみましょう！

NGワード③「頑張れ！」

最後は「頑張れ！」です。

えっ？ なんで励ましの言葉なのに言ってはいけないの？ と思った方もいるかもしれませんね。でも、親に「頑張れ！」と言われれば言われるほど、子どもは自分が頑張っていないと責められているように感じてしまうのです。つまり、「頑張れ！」という言葉には、「今あなたは頑張っていないでしょ！」「さぼっていないでもっと頑張りなさいよ」というニュアンスが含まれていることに注意が必要なのです。

そこにさらに「頑張らないとダメよ」と言う親御さんがいます。これはもう子どもにとってはダブルパンチです。「頑張っていない自分はダメな子なんだ……」と二重のダメージを受け、自分に自信をなくしてしまいます。

「じゃあ頑張ってほしいときになんて言えばいいの？」って思いますよね。こういうときも言葉を換えたり、アイメッセージで伝えることを意識したりすると、受け止め方が変わってきます。例えば**「頑張る」を「努力」という言葉に変換してみる**のです。

「お母さんはあなたはもっとできる子だって知っているよ。だって、あなたは努力の天才だもの」

こんな言い方をされたら、「お母さんは僕のことを信頼してくれている」「僕ならできると思ってくれているんだ」と受け止め、頑張ってみようという気持ちになります。

でも、**一番いいのは、「すでに頑張っていること」を褒めてあげること**です。考えてみてください。まだ遊びたい盛りの小学生が、毎日勉強をしている。それだけでも、すごいことだと思いませんか。ちゃんとできているかどうかよりも、多少のムラがあってもやろうとしている姿勢に目を向けてあげていただきたいのです。たとえ「宿題は夕食の前にやる」という決まり通りにはできなかったとしても、最後まで取り組めたら「今日も頑張ったね」と子どもの頑張りをねぎらい褒める。自分でやると決めたことが全部できなかったとしても、できたことに対しては「頑張ったね」と言ってあげる。このひとことがうれしくて、子どもは頑張れるのです。

伝え方一つでこれほどまで感じ方が変わってくる。それを親が知っていたら、NGワードを封印し、子どものモチベーションを上げることもできます。

でも、**それには親御さん自身の心の安定が必要**なのです。

受験親のイライラ要因と対策

中学受験は家族のビッグプロジェクトです。中学受験の勉強が始まると、子どもだけでなく、親の生活スタイルも変わります。特に共働き家庭は、ただでさえ仕事と家庭の両立が大変なところに、新たに子どもの受験サポートが加わるため、毎日が慌ただしく過ぎていくことでしょう。

しかも、自分の受験ではなく、子どもの受験。それもわずか10歳～12歳の子どもが挑戦する受験です。一筋縄ではいかないことの連続です。そんな状況の中で**常に冷静でいられる親なんてほとんどいません。**みんな何かしらの悩みやイライラを抱えています。だから、**ときどきネガティブな気分になってしまうのはごく自然な感情なんだ、と思っておいて大丈夫。でも、その悩みやイライラにできるだけ振り回されないようにしていただきたい**のです。なぜなら、中学受験の成功は「なごやかな親子関係」、すなわち親御さんの笑顔がなければうまく進んでいかないからです。

イライラは「うまくいっていない課題」を知る絶好のチャンス

受験親のイライラには大きく3つのパターンがあります。1つは子どもに要因がある場合、2つ目に親御さん自身に要因がある場合です。また、この2つが絡み合ってイライラを引き起こしている3つ目のパターンの場合もあります。そこで、まずは自分が何に対してイライラしているのか、「イライラの原因」を探ってみましょう。

おすすめは、**自分がイライラしていることを全部紙に書き出してみること**です。すると、例えば子どもの成績が一向に上がらないことからくる不安だったり、まわりの家庭と比べてうまくいっていないことへの焦りだったり、自分自身が忙しくて子どもの受験サポートを十分にしてあげられないというモヤモヤだったりと、漠然としていたイライラの原因が見えてきます。原因が分かれば、後は対策を考えればいいだけです。つまり、**イライラは「うまくいっていない課題」を知り、今の状況を改善していく絶好のチャンス**なのです。

子どもの成績が振るわなくて困っている場合は、親である自分がなんとかしなければと思わずに、どんどん塾を頼ってみましょう。大手進学塾は生徒の数が多いので、相談しても相手にされないと思い込んでいる親御さんは多いようですが、基本的に塾の先生は「子どもたちのためになんとかしてあげたい」と思っている人がほとんどです。ですから、まずはプロのアドバイスをもらいましょう。それでも、うまくいかない場合は、中学受験に精通した家庭教師などに、苦手分野の対策や塾の授業についていくための勉強法、6年生なら志望校に特化した入試対策など、お子さんのためにカスタマイズされた指導を依頼してみてください。近年の中学受験の内容は、親が教えられるレベルのものではありません。「プロに頼る」ことが最善策となります。

SNS情報は話半分で見ておき、情報に振り回されない

「同じタイミングで入塾した〇〇ちゃんはαクラスにいるのに、うちの子はいつまでたってもアルファベットクラスから抜け出せない」

「〇〇ちゃんのお父さんは受験に協力的で塾の送り迎えをしてくれているのに、うちの夫は毎晩残業。私だって仕事をしているのに……」

昨今、インターネットの発達で中学受験情報はあふれんばかりです。以前はプロの知見

やアドバイスを手に入れることが主流でしたが、今はＳＮＳで誰もが自分の日常を気軽に発信できる時代。中学受験をテーマにした先輩ママのブログや、現在進行中で奮闘している受験パパのインスタなど、いろいろな受験情報が飛び交っています。また、親同士もＬＩＮＥなどでつながっているケースが多く、いや応なしに情報が入ってきてしまいます。すると、どうしても「よその家庭と比べてうちの子は……」と比較の心理が働いてしまうのです。

ＳＮＳを完全にシャットするのは難しいかもしれませんが、まわりの情報で心がかき乱されてしまうのであれば、一時でも勇気を持って遮断してみるのも手です。または、ＳＮＳ情報は常に話半分で見ておくという心構えをしておきましょう。「その勉強法はその子には合っていたかもしれないけれど、うちの子にはどうかなぁ？」と、まずは目の前にいるお子さんをよく観察してみることです。子ども一人ひとりの性格が違うように、その子に合った勉強法というものがあります。**誰かの成功例は万人に効く魔法のように見えますが、実は発信するたった一人の成功例に過ぎない**のです。そのため、さほど参考にならないことの方が多いと思います。

自分ができることはやり、できないことは人に頼る

中学受験は子どもがまだ小学生のため、親のサポートが必要です。しかし、親御さんの気持ちとしては「あれもやってあげたい」「これもやってあげたい」と思っていても、仕事をしていたり、まだ小さな下の子の育児に時間を取られたりしていて、自分が思い描く理想の受験親にはほど遠いと、子どもに対して申し訳なさを感じている方がいらっしゃるように見えます。ですが、それに対して罪悪感を持つ必要はまったくありません。自分ができることをやればいいのです。

例えば夫婦がフルタイム勤務で、平日は家事を回していくだけで精いっぱいというのなら、一日30分だけでいいので子どもに向き合う時間を作ってみましょう。「今、勉強で困っていることはない？」と聞いてあげるだけでも、子どもは安心します。

子どもが勉強で困っているようなら、塾に相談し、場合によっては家庭教師をつけてみる。親御さん自身が家事まで手が回らないというのなら、平日の買い物は宅配サービスにしたり、月に数回、料理代行や掃除代行サービスを利用したりしてもいいと思います。自分ができることをやる、または自分が最優先したいことをやるために、他のことは外注するなど、臨機応変に対応することが親御さんにとっての心の安定となり、「なごやかな親子関係」につながっていきます。**適材適所を見極める力は、仕事をしていたり、普段から忙しい人ほど高いスキルを持っている**はずです。ぜひ、仕事で培ってきたその力を、受験にも生かしてみてください。

そうやって、「イライラ」の原因を冷静に分析し、解決法を考えていくと、物事がスムーズに回り始めていきます。

子どもの足を引っ張る、勉強を教えてはダメな親

「うちは私も夫も文系出身なので、算数の問題を見てもさっぱり分からなくて……。理系出身のお父さんがいる子がうらやましい」

よくこんな声を耳にすることがあります。

中学受験の多くの学校では、国語・算数・理科・社会の4教科の総合点で合否が決まるものの、**算数が得意だと有利といわれています。** 算数は他の教科と比べて1問あたりの配点が高く、算数の得点力が合否のカギを握るからです。ところが中学受験の算数は、小学校で習う内容よりもはるかに難度が高く、また特殊な解法の習得も必要になるため、その対策が難しいのが悩みの種。すると、冒頭のような声が上がってくるというわけです。

しかし、これまでの私の経験からいうと、理系出身のお父さんが指導に入ると、うまく

いかないケースの方が多いように感じています。なぜなら、便利な道具を使いたがるからです。

算数と数学は似て非なるもの

中学受験の算数は、小学校で習う内容とは大きくかけ離れてはいるものの、学習指導要領の範囲を超えることはできません。そのため、数学で使う方程式は原則ご法度です。しかし、それを分かっていない理系父さんは、いつまでも問題が解けないわが子を見て、「なんでそんなまどろっこしい解き方をしているの？　こんなふうに解くといいよ」と、塾とは違う解法であるのはもちろんのこと、時には禁断の方程式を使って教えてしまうのです。

特にコロナ禍にリモートワークが増えたことで、**それまで子どもの勉強を見ていなかったお父さんが、ここぞとばかりに熱心に教える姿が見られるようになっています。**

「いいか、入試はスピードが大事だ。お父さんがもっと簡単にもっと早く答えを出すやり方を教えてあげよう！」

ところが、この方程式、大人のお父さんにとっては簡単でも、小学生の子どもにはとても分かりにくいのです。

その大きな理由に、算数と数学における思考方法の違いがあります。算数とは数少ない道具を使って、それらをいろいろ組み合わせながら答えを探すものです。抽象理解がまだ難しい小学生を対象にしているので、食べ物や人などの具体的なものが問題文に登場します。そして問題文を読み進めながら「今、分かっていることから、次は何が分かる？」「それが分かっているなら、何が分かる？」といった頭の使い方をします。順を追いながら答えを見つけていくため、道筋がはっきりしていないと答えを出すことができません。ビジネスでいうと「今あるリソースで何ができるか」を考える創造的な発想、すなわち外へ考えを広げていく拡大思考になります。

それに対し数学は、決まった形の方程式の中に数字を入れて、計算をします。「答えを出すためには、どういう式ができればいいのか？」「条件を当てはめられるか？」といった頭の使い方になり、多くは公式に終結させます。ビジネスでいえば、テンプレートにそって作業を進めていくというイメージです。つまり、中心に向けて絞り込んでいくという集約思考になります。

このように、両者は考える方向がまったく違うのです。受験算数は結論を出すことよりも、限られた道具（条件）を使って、工夫しながら解くことに大きな意味があります。使える道具が少ないから、考えて工夫する力が鍛えられる。その**試行錯誤の姿勢こそが、難関校をはじめとする多くの学校が求めている生徒像であり、その力があるかどうかを見極めるために入試がある**のです。

教え込むのではなく、子どもと一緒に学ぶ

しかし、中学受験をしていない理系父さんは、そのことを知りません。また、中学受験

を経験しているお父さんも、幼い頃の経験は大学受験の数学の学習経験に上書きされています。ほとんどの理系父さんが経験したセンター試験の数学を思い出してみてください。あの種類の数学で9割以上を得点するための王道は、適切なレベルの問題集を1問残らずつぶしていくことだったと思います。出来の良いお父さんは、「その問題」を解くことで、「そのような問題」を解く力を身に付けられたのではないでしょうか。でも、それは「その問題」を解くことで問題の特徴をつかみ、他の問題との類似点と相違点に気がつく大人の頭脳だからこそできた学習法です。

一方で、小学生の頭脳はまだ発展途上です。高校生なら無意識に気づくことでも、小学生の頭脳では気づかないことが多いのです。こうした子どもの成長過程について考えることなく、**「なんで解けないんだ！」「前にも教えたじゃないか。何度言ったら分かるんだ」と声を荒げて叱るお父さんもいます。**こうなってしまうと、百害あって一利なしです。

誤解しないでいただきたいのが、お父さんが子どもの受験にかかわることを反対しているわけではありません。ただ、子どもの成長や正しい中学受験事情を知らないまま、我流で教え込もうとすると、子どもの頭の中が混乱し、かえって成績を落としてしまうリスクがあることをぜひ知っていただきたいのです。

子どもの勉強を見るのであれば、教え込むのではなく、一緒に考えてみるというスタンスがいいと思います。家庭教師でご家庭を訪問すると、最近はお父さんも一緒に授業を受けることがあります。受験算数を経験したことがないお父さんが、受験算数の意味を理解できるようになると、「なるほど〜、こうやって解くのですね！　算数って面白いですね！」と、とても感動されているのを見ます。**親御さんが勉強を楽しむ姿は、子どもにとっては大きな刺激**になります。「よーし、もっと難しい問題を解いて、お父さんを驚かせてやるぞ〜！」と、がぜん張り切り出す子もいます。何事も**「親も一緒に楽しむ」、これが中学受験で一番理想的な親のかかわり**だと感じています。

反抗期がやって来た！

ひと昔前は「反抗期」というと、中学生になってからというイメージがあったと思います。しかし、少子化の影響もあってか仲良し親子も多く、反抗期がないまま大人に成長する子もいるようです。一方で、今の時代は早熟な子も多く、小学生で反抗期を迎える子もいます。なかには**中学受験が引き金となって親子関係がギクシャクすることも。**

ですが、反抗期自体は、大なり小なり子どもの成長に必要なものなので、ネガティブに捉える必要はありません。口数が減ったり、イライラしていたり、八つ当たりをされたり、暴言を吐かれたりと、受ける方の親御さんからすると「勘弁してよ」という感じでしょうが、これが一生続くわけではありません。むしろ、**中学受験期に反抗期を迎えるのは、いい面もあります。**

反抗期は悪いことばかりじゃない

子どもにとって反抗期は、なんだかよく分からないけれど不満だらけの時期。その不満の原因が分からないから、いろいろな形で当たってくる。でも、それは成長の証し。

人は成長すると、自分を客観視できるようになってきます。自分と他人を比べ、自分の置かれている立場を理解できるようになってくることで、そのギャップに苦しんだり、自己肯定感が下がったりします。でも、自分を客観視できるというのは、もう一人の自分に気づけるということでもあり、他者理解にもつながっていきます。国語の物語文などは他者理解そのものです。ですから、**反抗期を過ぎると国語の成績が急激に上がる子が結構多かったりします。**つまり、反抗期も悪いことばかりではないのです。そう思っておけば、少し気持ちがラクになりませんか(笑)。

今、子どもの反抗期まっただ中にいる人は、そんな余裕はないかもしれませんが、この時期、子どもに「クソばばぁ！」「お母さんなんて大嫌い！」と言われても、それは子どもの本心でないことがほとんど。だから、「なんだとぉ〜！」とまともに受けて立つのはあまり得策ではありません。言いたいことはあると思いますが、ここはグッと我慢して、「よしよし、来たか、反抗期。国語の成績が上がるかも！」くらいの気持ちで迎えてあげましょう。嵐はいずれ必ず過ぎ去っていきます。

中学受験は親も成長させる

さて、ここまで読んでいただき、どのような感想をお持ちになりましたか？

「『中学受験をするのなら、親が勉強を教えなければいけない』と思っていたけれど、必ずしも親が教えなくてもいいと知ってホッとした」「仕事をしながら中学受験のサポートなんてできるのだろうか？ と不安だったけれど、時間管理や情報収集などの仕事で培った経験が生かせるような気がした」などの感想もあるのではないでしょうか。一方で、親の期待から見るのではなく、子どもの視線に落とすという仕事とは全く別の視点を持つことの難しさを感じた人もいるかもしれませんね。

中学受験では親のサポートが不可欠ですが、その大半を占めるのは**「何をやってあげるか」よりも、「どのようにして子どもを気持ちよく勉強に向かえるようにするのか」を考え続けること**だと思います。子どもは発達の途中にいます。大人のように遠い目標に向かって頑張り続けるのは難しいのです。だから、日々「この子はどういうときに楽しく勉強に取り組んでいるのだろう？」「どういう言葉をかけてあげると、やる気を見せてくれるのだろう？」と観察し、**トライ＆エラーをくり返してください。**中学受験で最後に頑張るのは子どもですが、その過程では親も努力を積み重ねていかなければなりません。そう言うとプレッシャーを感じてしまう人もいるかもしれませんが、時には失敗したっていいのです。「中学受験のプロ親」を名乗る人は多くいますが、そんな人だって渦中にいたときは、みんな悩みながら進んでいったはず。**こうした過程を経て、親も子も、共に成長していく貴重な経験になる**のです。私が中学受験を勧める理由はそこにあります。

第4章

小3秋〜小6前半で失速しない「家庭学習」のコツ

4年生の注意点は「勉強のやらせ過ぎ」

4年生の学習で一番気をつけなければいけないのが、勉強のやらせ過ぎです。4年生のうちは塾に通う日も週2日程度で、時間にも余裕があります。すると、今のうちにたくさん勉強をやらせておいた方がいいのではないかと、あれもこれもやらせてしまう親御さんがいます。

また、4年生の学習は、覚えた知識がテストにそのまま出たり、計算力を鍛えることで高得点が取れたりします。そのため、**暗記学習や大量演習に走りやすくなります。**知識量の多さや処理能力の高さが求められていたひと昔前の入試問題であれば、そのやり方でも合格できました。しかし近年の中学入試は、知識の丸暗記や解法パターンで乗り切る学習は通用せず、与えられた問題の中から条件や状況を整理しながら、自分なりに解決法を見いだす思考力が欠かせません。こうした問題を解くときに必要になるのが、「なぜそうなのか」という納得感を伴った深い理解と、「あっ、あのときのアレと同じことなのかもしれない」「あのやり方でやってみたら、もしかすると解決策が見つかるかもしれない」といった自分自身の経験です。この2つを組み合わせることで、自分なりに考えることができるようになります。

「なぜそうなのか」という納得感を伴った理解は、授業の聞き方やその後の振り返りで身に付いていくものです。ただこれは意識しておかないと「先生がこう言っていたから、この式を使う」といったパターン思考に陥りやすくなります。そうならないためには、「どうしてこの問題は、この式で解くの?」「なんでススキはイネ科なの?」などと、親御さんが聞いてあげると良いでしょう。すると、子どもなりに説明をしてくれるのです。自分の言葉できちんと伝えることができたら、納得感を伴った理解をしていると見ていいでしょう。確かな知識になっていればテストの選択問題で迷うこともないし、その知識を応用して違うことを考え、解決策を見つける手がかりになります。

時間のある4年生のときにこそ、身体感覚を伴った体験を

納得感を伴う理解へのもう一つの手がかりは、自分自身の経験です。

中学受験の勉強は3年生の2月からスタートしますが、実はそれ以前の過ごし方も重要になってきます。長年、中学受験の指導に携わってきた私が近年、特に感じるは、**中学受験で伸びる子と伸び悩む子の違いは、低学年までの過ごし方にある**ということ。

「この子がこんなにイキイキとした表情で難問に立ち向かっているのは、幼少期のあの熱中体験があったからなんだろうな」

「この子にうっかりミスが多いのは、小さい頃から早くたくさんの問題を解くように言われていたからなんだろうな……」

子どもの表情や筆跡を見ていると、その子が幼児期や低学年のときにどのように過ごし

てきたかが、そんなふうに想像できてしまうのです。

その時期に大切にしたいことは、身体感覚を伴った経験です。小さい子どもの場合、その多くは「遊び」です。自分の頭を使って考えることを「楽しい！」と思える子は、間違いなく小さいときに「熱中体験」をしています。

「この虫と前に見た虫は形が似ているな」

「でも名前が違うから、別の虫ってことだよな。じゃあ、何が違うんだろう？　どれどれ調べてみるか」

そうやって、物の類似性や相違点を確かめたり、原因を探り因果関係を発見したりと、無意識のうちに頭をフル回転させているのです。こうした経験は自分の体の中に残ります。そして、そのときはよく分からなかったとしても、あるときふと「あ、あのときのアレだ！」と自分の経験として活用できる場面が出てくるのです。このような熱中体験が、粘り強く最後まで考え抜く力や自分で考え解決策を見つける力となっていきます。

幼児期・低学年の過ごし方の大切さについては、『中学受験の成功は、幼児期・低学年がカギ！「自走できる子」の育て方』（小社）の本の中で詳しく説明をしています。お子さんがまだ幼児・低学年であれば、ぜひ読んでいただきたい一冊です。

では、高学年になってしまった子はもう手遅れなのか、というと……、安心してください。そんなことはありません。中学受験の勉強は、「あっ、あのときのアレだ！」という場面をたくさん味わえるほど楽しくなります。そして、実際そういう場面がたくさんあります。

4年生はその経験を積む絶好のチャンス。なぜなら、4年生のうちはまだ自由な時間がた～っぷりあるからです。遊び、キャンプ、旅行、お手伝い、自由研究など、**机に向かう勉強だけではなく、身体感覚を伴った体験をたくさんさせてあげてください。**『ウサギとカメ』の物語のように、早く進むことが必ずしもいいとは限りません。4年生でたっぷり遊んだ子は、自分の体で感じた経験が蓄えられ、中学受験でその力を発揮しやすいのです。

5年生からは宿題の取捨選択をする

4年生のうちは、宿題は全部やるようにしましょう。各塾で出される宿題の量はまちまちですが、時間的な余裕がまだあるのでこのくらいの学習量は取り組めるようにしておきたいものです。

しかし、**5年生になると状況が一変します。通塾日が3～4日と増える上に、宿題の量もグンと増えるからです。**小学校では「宿題は必ずやってくるもの」ですが、**実は塾の宿題はすべてをやらなくていい**のです。すべてをやるには量が多すぎるし、子どもによっては難度が高すぎて、到底終わるはずがないからです。

宿題は○△×をつけて仕分ける

そこで、**5年生以降は宿題の取捨選択が必要になります。** 仕分ける方法としては、授業中に先生の話を聞きながら、「ここはもう分かった」「ここはちょっと難しく感じた」「ここは全然分からなかった」と3段階に分け、それぞれに「○」「△」「×」の記号を振っておきます。

「○」はすでに理解ができているので、とりあえず良しとしておきます。やるべきものは「△」です。**分かったような、でもまだちょっと自信がない「△」の問題を中心に宿題では解いて、「○」を増やしていきます。**「×」の問題は、今は理解するだけの力が付いていないのでやらなくていいでしょう。この勉強のやり方を6年生の11月末まで続けていきます。

ただ、子どもが言う「分かった」は、時に甘めにジャッジをしていることがあります。

そこで大事になってくるのが、先にお伝えした「振り返り」＝「復習」です。「なぜそのような式を使って解くのか」「なぜこのような現象が起こるのか」など、**その理由や因果関係がきちんと自分の言葉で説明できるかどうか、親御さんが確認してあげてください。** 理解が不十分な場合は、説明がうまくできなかったり、聞いてみて辻つまが合わないと感じたりするはずです。

5年生の学習は、入試に直結する重要単元がこれでもか！と次々と登場します。すべてを完璧にすることは到底できないので、今、理解できている問題を確実に解けるようにする、あと少し頑張れば解けそうな問題をできるだけ正解させる、という勉強のやり方に変えていかなければなりません。4年生のときのように、すべての宿題を終わらせる必要はナシ！　特に4年生のときに暗記学習や大量演習で成績を上げてきた子は、その勉強のやり方が正しいと思い込み、そのまま続けてしまいがちです。**効果的な勉強は「量」ではなく「質」**。深い理解をせず、ただやみくもに勉強をさせても成績は上がりません。むしろ、そういう勉強のやり方をしてきた子は、5年生になって失速し、成績と自信がガタガタと崩れてしまうのです。

科目別に親が押さえておきたい「ここだけポイント」

中学受験の勉強はそれを専門に指導する塾のカリキュラムに沿って進めていきます。ですから、基本的に親御さんが勉強を教える必要はありません。

ですが、家庭学習を進めていく上で、ぜひ親御さんにやっていただきたいことがあります。ただでさえ仕事と家庭の両立で毎日が綱渡り状態なのに、一体何をすればいいの？と不安になった方もいるかもしれませんね。大丈夫です。**やっていただきたいことは、ほんのちょっとの声かけと問いかけだけです。**これをやるかやらないかで結果は大きく違ってきます。

ここからは各科目の学習ポイントをお伝えしていきます。

【国語】国語力は家庭の会話で伸びていく

国語の文章読解力は、質問されたことに適切に答えるといったやりとりで育ちます。例えば子どもの話を聞くときに「今日は何をしたの?」「今日はどうだった?」という質問をしがちですが、こうした漠然とした質問は答える側としては答えにくいものです。そこで、質問をするときは、「今日の国語の授業ではどんな物語を読んだの?」「今日の休み時間は何をして過ごしたの?」といった感じで、子どもが何を聞かれているか分かりやすい問いかけを意識してみてください。

そして、子どもが話し始めたら、途中で口をはさまずに、最後まで聞きます。これまで多くの子どもたちと接してきて実感しているのは、おしゃべりな子ほど国語が得意です。そのためには、まずは子どもが安心して言いたいことを言える「なごやかな親子関係」を築いておくことが大切。

子どもの話は親の「聞く姿勢」を基本に、時には大人の視点を教えてあげましょう。

例えば、学校でAくんがBくんをたたいてけんかになったという話が出てきたとします。こういうとき、子どもは自分が見たままのことを話します。すると、「Bくんをたたいたくんが悪い」という話になりがちですが、何かが起こるには必ず原因があります。

しかし、人生経験が少ない小学生の子どもにはそれが分かりません。学年が上がるにつれて、少しずつまわりが見えてきて、自分と他の子を比較したり、客観視できたりするようになってきますが、まだ未熟なところはたくさんあります。

ですから、お子さんの話を聞いてみて、ちょっと見方が偏っているなと感じたら、「どうしてAくんがBくんをたたいてしまったんだろうね。その前に二人の間で何かあったのかな?」と少し大人の視点を入れてあげるといいと思います。そうすることで、**子どもの視点が広がり、いろいろな事柄には因果関係があるということを理解できるようになります。**

この視点は他者の気持ちを理解する上でとても大事です。

本は好きなのに国語の成績が伸びない子へのアプローチ

よく「読書は好きなのに、国語の成績が上がらない」というご相談を受けることがあります。活字アレルギーではないのに、なぜ成績が伸び悩むのか不思議に思う親御さんは少なくありません。確かに本を読むことに慣れ親しんでいると、活字に対する拒否反応はないかもしれません。しかし、それと国語のテストで点が取れるかどうかは別問題なのです。

本を読むのが好きだけれど、国語の成績がいまひとつという子は、ストーリーを追う読み方をしています。例えば『ハリー・ポッター』シリーズを好きな子に多いのが、次々と起こる「出来事」だけを早く知りたがり、場面の情景や登場人物の心の変化を飛ばして読んでしまうケース。こういう読み方に慣れてしまうと、物語の内容が分かっているようで、細部にまで注意力が働きません。

ところが、テストや入試では、物語の場面情景や人物の心の機微が問われます。すると、ストーリーを追う読み方をしている子は、結局、何が書かれているのかが分からず、自分の気持ちに当てはめて答えたり、見当違いな答えを書いてしまったりするのです。

物語文に限らず、国語のテストは、設問に対して答えていかなければなりません。そのためには、**まずは設問を精密に読む**こと。その後、例えば線が引かれているところについて質問をされているのであれば、線が引かれているその前後を丁寧に読まなければなりません。つまり、同じ文章を読むのでも、読み方がまったく違うのです。

ただ、こうした読み方は意識しないとできないので、はじめは親御さんの問いかけがあるといいでしょう。

「この文章全体の中で、大切なことはどのあたりに書いてあるかな?」

「このあたり?」

「だったら、その中で著者が特に言いたかったことってどの文章だろう?」

といった文章全体を捉える読み方を意識させるような問いかけをしたり、

「この子がこう思ったのはなぜだろう？　何かきっかけがあったんじゃないかな？」と着目する点に気づかせてあげると、どのようにして読み進めていけばいいのかが分かってきます。**読解のテクニックを教えるというよりは、親子で会話を重ねていくというイメージです。**このように、国語は家庭の会話で伸ばしていくことができます。

【算数】算数が嫌いな子の3つの特徴

中学受験の勉強の中で、算数はどこか特別感があります。まず、その中身が小学校で学習する算数と大きくかけ離れています。また、中学生以降は数学の学習に変わるため、中学受験をする子しか学習しません。そして、他の教科よりも1問の配点が高く、算数の得意・不得意が合否を分けるといわれています。こうしたことから、中学受験に勝つには算数の勉強をたくさんしなければいけないと思い込んでいる親御さんがたくさんいます。でも、その考えは間違いです。

算数が嫌いだったり、成績が伸び悩んでいたりする子の特徴は、次の3つです。

【算数が嫌いな子の特徴】

❶ 同じ問題を1週間のうちに4回も5回もやらされている

❷ 早く解くようにせかされている。
またはは早く解かなければいけないと思い込んでいる

❸ 理解はしているのに、テストでの間違いが多い

詳しく説明していきましょう。

納得して理解できていれば、何度も解く必要はない

算数を得意にする上で欠かせないのが「確実な基礎力」です。そうお伝えすると、基本的な解法で解けるようになっておくことだと思い、何度も同じような問題を解かせる勉強をさせてしまう親御さんがいます。しかし、ただ知識を覚えて解くだけでは身にならないのです。

近年、多くの子どもたちに見られるのが、「塾ではこう習ったから」「こういう問題文のときはこの解法で解けばよかったはず」といった、曖昧な学習です。こうした学習は塾のテキストに出てくるような問題を解くときは正解できますが、応用が利きません。入試では塾のテキストと同じものが出されることはありません。すると、『どうしよう……』、こんな問題は見たことがない』と手が止まってしまったり、『なんとなく植木算っぽい問題だから、植木算で解けばいいだろう』と深く理解せずに、自分の知っているテクニックで解こうとしてしまったりします。それでは正しい答えを出すことはできません。

「確実な基礎力」を付けるために必要なのは、**基本的な解法をただ覚えるのではなく、「なるほどな」「確かにそうだな」と納得感を持って理解する**ことです。この姿勢は特に新しい単元を学ぶときに重要になります。ここでしっかり納得のいく理解ができれば、後は2、3回問題を解けば十分。何度も、何度も演習をくり返す必要なんてないのです。きちんと納得して理解できたかどうかは、親御さんの声かけで確認することができます。

「今日の算数の授業はどんなことを習ったの？　お母さんに教えてくれるかな？」と、子どもに先生役になってもらい、教えてもらうのです。そのときにちょっと分かりにくかったら「これってこういうこと？」「そしたら、こういうときはどうなるの？」と質問の仕方を変えてみます。そのときに「言ってごらんなさい」というオーラを出すと子どもは嫌がります。できるだけ、出来の悪い親を演じてみてください。そこで、きちんと説明ができれば、「うん、ちゃんと納得しているな」と判断していいでしょう。

納得感を持って理解する習慣が付いていると、「○○のときはこうなったよな」「○○だか

らこうなんだ」などと、迷うことなく解き進めていけます。そして、「もしかすると、この条件とあの知識を組み合わせてみれば、解決策が見つかるかもしれない」と、自分の今、持っている知識を活用して考えられるようになります。これこそが、今の中学入試で求められている「思考力」です。

一方、伸び悩んでいる子は、上っ面の理解のままの状態で、くり返し学習を強いられ、とりあえず解いているという姿が見られます。そういう学習を続けていると、そのときは分かったつもりでも、時間がたつとすぐに忘れてしまい、少しでも違う形式の問題が出るとたちまちお手上げになってしまいます。すると、思うような結果が出せず、それに焦る親御さんが「もっと勉強をさせなければ！」と演習量を増やすことに目が向いてしまい、たくさん勉強しているのに伸び悩むという悪循環に陥ってしまうのです。

書いて考えることの大切さを根気よく伝える

近年の中学入試はどの教科においても問題文がとても長く、読解力が必要です。**特に難関校の算数入試は、「ちゃんと読む」から始まって、条件をしっかり整える習慣が付いているか否かが合否を分ける**といっても過言ではありません。

「ちゃんと読む」とは、問題文を読みながら、次の2つを意識することです。

---

❶「今、分かっていることは何か」（仮定）

---

❷「何を聞かれているのか」（結論）

これを意識せずに、ただ読み進めてしまうと、ポイントが抜けていたり、条件に気づけ

なかったりといったことが起こります。

「ちゃんと書く」とは、文章を読みながら大事なポイントに線を引いたり、図形問題を解くときには図を描いて視覚で理解を深めたり、「場合の数」の問題では条件をすべて書き出したり、「速さ」の問題では面積図やダイヤグラムを使って考える糸口を見つけていくといった「作業」をいいます。こうした手作業を面倒くさがって頭の中だけで考えようとする子は、どこかで必ず伸び悩みます。

ではなぜ学校はこのような問題を出すのでしょう？　それは子どもの読解力を見るという目的もありますが、**「どれだけ根気強く自分の手と頭を使って考えてきたか」、これまでの勉強に対する姿勢を見ている**ように私は感じています。つまり、どれだけ〝自分事〟として一つひとつの問題に向き合ってきたか、ということ。

しかし、こうした姿勢で勉強に向かえるようになるまでには、時間がかかります。いつもせわしく「あれもやりなさい」「これもやりなさい」と指示されたことだけを機械的に行う勉強では身に付くことはないのです。

そこで親御さんに、時にはゆっくり、じっくり考えるための勉強時間を作っていただきたいのです。その時に次のような問いかけを意識してみてください。

「今、分かっていることは何かな？」

「正解を出すためには、何が分かっていないといけないと思う？」

「何を書けばそのことが分かりやすくなるかな？」

「今、書いたことから何が分かった？」

こうした問いかけをしてあげることで、意識的に「ちゃんと読み」「ちゃんと書く」習慣が身に付いていきます。

ミスの原因を突き止め、次に意識できるようになればOK

「中学受験は算数が得意な方が有利」という言葉が一人歩きしているせいか（確かにそう

ではあるのですが、やはり4教科のバランスが大事です）、算数のテストの失点をとても気にする親御さんがいます。そして、「ミス＝分かっていない」と決めつけて、何度もくり返し解かせようとします。

しかし、**算数の失点の約半分は「問題文をしっかりと読んでいなかった」「単純な計算ミスをしてしまった」などのうっかりミス**だったりします。ですから、まずは「なぜミスをしてしまったのか」ミスの原因を知ることが先決。問題文をしっかり読んでいなくて早とちりをしてしまったのであれば、先にお伝えしたように「ちゃんと読む」ように意識していけば改善できます。計算ミスも同じで、「筆算をするときはこういうふうに書くと読み間違えないよ」「惜しい！　字を丁寧に書けば正解できたのにね」と、丁寧に書くことのメリットを教えてあげましょう。結局のところ、この2つを意識するだけで、算数の点数はだいぶ変わってきます。

この点さえ押さえておけば、むやみに算数を恐れる必要はありません。そして、**「ちゃんと読む」「ちゃんと書く」という姿勢は、算数に限らず、すべての教科に通じる効果的な学習法**

です。ぜひこの2つを意識してサポートしてあげてください。

【理科】「理科は暗記科目」という思い込みを捨てる

理科といえば「暗記科目」と思っている親御さんは少なくありません。でも、それは半分当たっていて、半分誤解されています。

理科という科目には、大きく分けて知識問題と思考問題があります。知識問題とは、「メダカのひれは全部で何種類か」「両生類にはどんな生き物があるか」などを問うものです。こうした知識問題は選択肢が用意されているケースが多く、暗記で対応できる面もあります。

一方、思考問題は、問題文が提示する条件をしっかり読み解きながら、法則や公式に従って答えを導き出す必要があります。「理科なのにこんなに計算をするんだな」と子ども自身の中で算数と理科がつながる実感が得られるのは、5年生の「てこ」や「バネ」、「食塩水」の単元を学習するあたりから。と同時に、4年生までは理科が得意だった子が、「理科ってこんなに難しい科目だったっけ?」と苦手に感じるようになります。その頃には、これまで知識単元だと思っていたところが思考問題に変化しています。知識を問うのではなく、現象と原因の因果関係を考えさせるようになってくるのです。

そうすると、単に知識を問う問題とは違って、問題文も長くなります。長い文章を読むことに対してアレルギーを持っている子は、それを見ただけで「ああ、ムリ」と思考が停止してしまうことも。しかし、こうした問題は、文中に何が書かれているかを正しく読み取る「読解力」と確かな知識に基づく「論理的思考力」、そして「何が書かれているのだろう?」とワクワクしながら読み進めていく「好奇心」がなければ、正解にはたどり着けません。

そこで、高学年でお子さんを理科嫌いにさせないためには、まず**親御さんが「理科の知識問題も丸暗記ではなく、理由や由来を理解した上で覚えるといい」ということを、心構えとして知っておくこと**が大切になってきます。そして、暗記だけでなんとか対応できてしまう

4年生のうちから、「暗記だけになっていないかな?」「ちゃんと理由を理解できているかな」と気にかけてあげるようにしてください。「なぜそうなのか」という理由が理解できていれば、どんなに長い問題文でも、複雑な条件が書かれていても、「〇〇だからこうなる」とシンプルに考えることができます。

イメージが湧かないものは具体物で見せてあげる

理科の学習は「今週はこの単元の勉強をします」などと単元ごとに進めていくので、得意な単元と苦手な単元を把握しやすいのが特徴です。ですから、**その週に習う単元を理解することを目標に学習を進めていきましょう。**苦手な単元はとりあえず今は横に置いておいて、夏休みなどの長期休みを使って復習し、そこでクリアできればOKです。

子どもたちが苦手とする単元の代表といえば「天体」「電流」「てこ」あたりでしょうか。こうした単元が苦手なのは、目に見えない物理的な現象を扱うからです。例えば植物などの学習は実際その花を見たことがなくても、写真を見て「なるほど、こういう特徴があるからこのグループになるんだな」と理解することができます。ところが、太陽の自転や電気の流れ、食塩が水に溶けている状態というのは、視覚的な理解ができずイメージがしづらいのです。こうした**抽象的なものの理解を手助けするのが、これまでの身体感覚や過去の経験**です。小学生の場合、それまでに親しんだ遊びや親子の会話、お手伝いなどの経験が当てはまります。

数年前、ある難関校で「どうして月がついてくるのか」というテーマの入試問題が出されたことがあります。確かに、夜道を歩きながら月を眺めていると、どこまでも月がついてくるように感じることがありますよね。それは月が地球から遠くにあるために起こる目の錯覚です。この問題は人と物体の距離と視野について問うものですが、このような問題に出合ったときに「そうそう、お月様ってついてくるんだよね」という実感があるかないかが、正解への糸口を見つけるための差になってくるのです。

一見すると、**小学生には難しすぎると思われがちな中学受験の理科も、扱う内容は子ども**

たちの身近にある自然現象がほとんどです。問題文を読んでもイメージが湧かない場合は、実物で見せることができれば見せる、天体などの実物を見てもスケールが大きすぎて理解が難しいものは、丸いボールなどを使って「これが地球だよ。ここに太陽があるよ」と動きを示してあげると理解がしやすくなります。そのときに教え込むのではなく、楽しい雰囲気を心がけると「へぇ〜、理科って面白いんだなぁ〜」と興味を示すようになります。

理科好きにする一番の即効薬は「好奇心」を刺激してあげることです。

【社会】社会の学習＝日々の暮らしそのもの

社会も理科同様に「暗記科目」と思われがちですが、それだけでは対応できません。中学受験の社会入試は「地理」「歴史」「公民」の3分野から出題されます。ほとんどの塾のカリキュラムは、4年生〜5年生の夏まで地理分野を、5年生の2学期から歴史分野を、6年生の1学期に公民分野を学習します。授業では地理分野に最も時間を割きますが、入試の中身は3分野がバランスよく出題されます。近年は分野ごとにきっちりと分けるのではなく3分野を統合した形の問題を出す学校が増えています。また、最近はグラフや表など複数の資料を読み解き、そこから見えてきたことを述べるといった読解力や思考力、表現力を求める問題が主流になっています。

社会の学習で大事なのは、「都道府県の名前を覚える」「歴史の年号を覚える」といった「点の学習」ではなく、例えば生産物の生産高を示す都道府県ランキングなどがあれば、なぜこのような順位になっているのか、気象や海流といった地形や、歴史的な背景など、地理的・歴史的な根拠を理解した上で説明する力が必要になっています。このような入試スタイルでは**総合的な理解が必要な「面の学習」をしていくことが大切**です。つまり、**暗記だけではなく「納得感を得た理解」が不可欠**です。

「社会」という科目は、私たちの生活そのものです。子どもは授業中、自分の知っていることが少しでも出てくると、興味を持って聞きます。逆に知らないことはイメージが湧かないので、集中して聞くことができません。ですから、子どもを社会好きにするには、生活の身の回りのことをたくさん話してあげるのが効果的です。スーパーに買い物へ行ったときに「この間は青森産のりんごが多かったけど、今日は福島産のりんごが多いね」と、農産物には育ちやすい地形や環境があるなどの、ちょっとした知識を普段の会話の中にちりばめることがとても大きいのです。

特に最近の難関校の入試は「あなたは今、世の中で起きていることにどれだけ興味を持って過ごしていますか？」と問う問題が目立っています。中学受験の勉強が始まると、塾の勉強をスムーズに回していくことが課題になってくるため、親子の会話も受験の話ばかりになってしまいがちです。でも、本当に大事なのは「日々の暮らし」。例えばニュースを見ながら「日本は少子化が進んでいるって言っているけど、どうしてなんだろうね？」「出生数が減ると、どう困るんだろう？」などと親子で対話をする。そこに正しさは必要ありません。**大事なのは、「自分なりに考えたことを言葉にしてみる」こと。**それが、社会の勉強にもなり、すべての教科で求められる「思考力」「表現力」を伸ばしていく時間にもなります。

志望校はたくさんの選択肢の中から吟味する

中学受験において、志望校選びは最も頭を悩ませます。首都圏には約300校の私立・公立・国立中高一貫校があります。この中からわが子にぴったりな学校を見つけるのは容易なことではありません。これだけの数の学校があっても、最終的に子どもが通う中学校は1校だけ。受験に挑むのは子どもですが、**中学受験の学校選びは、ある程度、親が主体となって進めるのが現実的です。**

生まれも育ちも東京という親ならば、知っている学校もたくさんあるでしょう。しかし、親世代が小学生だった頃と今とでは、同じ学校でも別学から共学になった学校もあるし、名前そのものが変わった学校もあります。地方出身なら「御三家って何?」という方もいるでしょう。いずれも中学受験を始める際には、**これまでの先入観を取り除き、まっさらな**

状態から学校選びをしていくことをおすすめします。

4・5年生はたくさんの学校を知る期間

中学受験をするからには、できるだけ偏差値の高い学校へ入れたい。それが多くの親の本音だと思います。しかし、中学受験で親御さんが希望していた難関校に合格したものの、入学後、学校の雰囲気が合わなかったり、授業の進度が速すぎて勉強についていけなかったりして、苦しむ子もいます。わが子の幸せを願って選択した中学受験で、そのようになってしまうは残念なこと。だからこそ、**学校選びは幅広い視点を持つことが大切**です。

本書は中学受験の勉強が始まる4年生以降のお子さんを持つ親御さん向けに書いていますが、低学年のお子さんがいるご家庭で将来的に中学受験を考えているのなら、**学校の情報収集は早いうちから始めておくことをおすすめします**。まずは気になる学校のホームページをチェックし、その学校の特徴をざっくりつかんでおきましょう。

学校のホームページなんてどこも同じようなものと思っている方も多いようですが、精読すると、創設の理念をどのくらい大切にしているか、カリキュラムにどれだけ力を入れているかなどが見えてきます。また、使っている写真を見ても、生徒の自主性を重んじている学校なのか、授業に力を入れている学校なのか、情操教育を大切にしている学校なのかなどが分かってくるものです。

気になる学校をリストアップしたら、実際に説明会や公開行事に足を運んでみましょう。**4・5年生のうちは、子どもの現時点での学力に関係なく、たくさんの学校を見ておくことをおすすめします。そして、お子さんにとっての「憧れの学校」を一つ見つけておくといいでしょう。**なかなか決まらないという場合は、現時点での偏差値+5〜10くらいの学校を「仮の第1志望校」としておくのでもいいと思います。そうやって仮の目標を作っておきます。

「明確な目標がなくて、頑張れるの？」と思う方もいるかもしれませんが、**4・5年生の**

段階で受験が〝自分事〟になっている子はほとんどいません。早くから目標を固定し選択肢を狭めてしまうよりも、この時期はたっぷり情報収集に時間をかけるべきです。伝統校には伝統校の良さがありますし、新興校には勢いがあります。ホームページに書いてあることや口コミ情報だけに頼らず、実際に学校を訪れ、校長先生や教科の先生の話、生徒たちの雰囲気から伝わってくる何かを感じ取り、「わが子に合う学校はどこか」という視点で学校を見てみてください。この時期にたくさんの学校を見ていれば、6年生後半でいざ受験校を選ぶときに、慌てず冷静に判断することができます。

文化祭は子どものやる気に火をつけるきっかけになる

中学受験は子どもがまだ小学生のため、学校選びにおいても親の価値観が反映しやすくなります。でも、実際にその学校に6年間通うのは子どもです。だから、子どもの思いはそれ以上に大事。また、**「憧れの学校」が明確な方が、受験勉強にも力が入りやすくなります。**

塾に通ってはいるものの、高学年になってもなかなか受験を〝自分事〟として捉えられず、勉強にも身が入らない。そんな子にやる気のスイッチを入れるきっかけになるのが文化祭などのイベントです。気になる学校の行事に連れて行っている家庭は多いと思いますが、4年生くらいまではどこに行っても「あ〜、楽しかった」で終わってしまったりします。でも、高学年になると徐々に受験が現実味を帯びてきます。今までどこの学校に連れて行っても、これといった反応を示さなかった子が、5年生の秋に訪れた文化祭をきっかけに「僕は絶対にこの学校に入る！」と頑張り始める子もいます。

私の教え子にも、それまではあまりやる気を見せなかった子が、6年生の春に文化祭を見に行ったのをきっかけに、「僕もこの学校に通いたい！」と強く思うようになり、男子御三家の一つ、麻布中に合格した子がいました。大人でもそうですが、何か明確な目標があると人は頑張れるものです。小学生の子どもだってそれは同じ。

ただ、いくら「目標」があっても、あまりにもその目標が高すぎると、現実的な合格は難しくなります。そこで、6年生になったら現時点での学力を冷静に受け止めながら、志望校を検討していく必要があります。

とはいえ、1学期まではまだこれから伸びていく可能性は十分にあるので、現時点での偏差値からプラス10までの学校なら、第1志望の視野に入れておいてもいいでしょう。そして、夏休みが終わり2学期に入ったら、現時点の学力プラス5の範囲で検討していきます。

ですが、どうしても行きたい「憧れの学校」があって、それが本人のモチベーション維持になるのであれば、チャレンジ校として受けてもいいと思います。ただその場合は、第2志望校は確実に合格が取れる堅実校を選ぶなどの戦略が必要です。9月からは志望校特訓や過去問対策が始まるので、**夏休みの終わりまでに具体的な第1志望校と第2志望校を決めておく**ようにしましょう。この段階で確定しなければいけないというわけではありませんが、ある程度の方向性が見えていないと入試対策ができないので、ここで一度決めておく必要があります。

併願校を含めた受験校選びについては、次の第5章で詳しく解説します。

習い事はいつまでに整理するべき？

幼児期や小学校低学年から始めた習い事。子どもの好きなことは伸ばしてあげたいし、子どもの可能性を広げてあげたい。しかし中学受験の勉強が始まると、このまま続けさせるべきか、やめるべきか遅かれ早かれ悩むことになります。

ただ、4年生のうちは塾に通うのも週2回と比較的時間に余裕があるので、習い事を1つか2つやっていてもさほど支障はありません。むしろ、この時期から受験勉強一色にならないように、子どもの好きなことをやらせてあげてほしいと思います。

ですが、**勉強系の習い事については、整理をしてもいいかもしれません。**中学受験をするご家庭では、4年生から本格的な受験勉強が始まる前に、基礎学力や学習習慣を付ける目的で公文に通わせていることが少なくありません。公文は自分のペースで無理なく先に進められるという良さがありますが、あまり先に進み過ぎて方程式を解くようなレベルになると、中学受験の勉強をする上で混乱してしまう恐れがあります。本人が楽しく取り組んでいるのならいいのですが、4年生の段階でFレベル（6年生レベル）まで進んだら、そのタイミングでやめてもいいと思います。4年生の段階で「あと少しでFレベルまでいけそう」というのであれば、続けてもいいでしょう。同じく、そろばんも1級までを目標にし、それが到達できたタイミングでやめるという選択をしてもいいと思います。そこまでの計算力が付いていれば、中学受験では大きなアドバンテージになるからです。

見極めポイントは子ども本人が「好きかどうか」

よく塾の合格体験記などで「6年生の夏までサッカーを続け、そこから気持ちを切り替えて、第1志望校の最難関校に合格！」という子がいますが、こうした体験記に登場する子はその塾でもエース級の子で誰もが成し遂げられることではありません。「そういう子もいるのね」というくらいに受け止めておいた方がいいでしょう。

中学受験の勉強量を考えれば、できれば5年生から6年生に上がるタイミングでサッカーや野球などの団体スポーツは引退宣言をするか一時お休みをした方が賢明だと思います。**中学受験が学年が上がるごとにハードになっていくように、こうした団体スポーツも学年が上がるごとにチームの主力選手となり、練習がハードになっていくからです。**また、こうしたスポーツは土日に練習や試合があります。6年生以降は大事な模試が続いていきますので、「試合に行くか、模試に行くか」で迷うことになります。それはチームにも迷惑がかかりますし、何より本人が板挟みとなってつらい思いをすることになります。

ただし、水泳や武道などの個人スポーツや、ピアノやバイオリン、絵画教室などの芸術系の習い事であれば、指導者と相談をしながら続けていくこともできます。6年生でも週1回程度で、それが受験勉強のストレス発散になったり、運動不足の解消に役立ったりするのであれば、続けることをおすすめします。

見極めのポイントは、子ども本人が「好きかどうか」です。さほど好きでもないけれど、ここまで続けてきたからと、だらだら続けさせるのはおすすめしません。

習い事でどんな力が身に付いたかに目を向ける

習い事をやめる理由は、中学受験の勉強を優先させることですが、「勉強の時間を増やすためにやめる」という言い方は避けた方がいいでしょう。中学受験のカリキュラムは学年が上がるごとにハードになっていくことをあらかじめ伝えておき、「6年生になったらやめようね（または一時お休みをしようね）」と、もともと予定していたというニュアンスで伝えた方が受け止めやすくなります。そして、これまで頑張って続けてきたことをねぎらってあげてください。そうすれば、途中でやめてしまったという「しこり」を残さずに、受験勉強に向かうことができます。

そのときに、「サッカーでPKのときに、力を発揮していたよね。緊張感に打ち勝つ集中力は本当にすごかったよ」「ピアノの練習をしていたね。コツコツと続けられるのって立派なことだと思う。今までよく頑張ったね」と、**その習い事をしてどんな力が付き、成長したかをぜひ伝えてあげてください。**その言葉が大きな自信となって、「よし、受験勉強も頑張るぞ〜！」と前に進んでいけるはずです。

転塾は5年生の夏までがベスト

3年生の2月からスタートした受験勉強も半年が過ぎると、塾通いにも慣れてきます。この塾通いに慣れてきた4年生の夏頃が、**塾との相性を見直すのにいい時期**なのです。

ひとくちに進学塾といってもその中身はさまざまです。「とりあえず有名だから」「仲のいい友だちが行っているから」という理由だけで塾を選んでしまったとしたら、その塾がお子さんに本当に合っているかどうか、今一度振り返ってみる必要があります。

うまくいってない理由を探り、改善が期待できる塾を選ぶ

転塾を考える一番の理由は「成績が上がらない」ことだと思います。しかし、塾を変えたからといって、成績が上がるとは限りません。まずはなぜうまくいっていないのか、その理由を把握しておく必要があります。そもそも基礎学力がないのか、授業のスピードについていけないのか、先生との相性が悪くて勉強にやる気が起きないのか、家庭学習がうまく回っていないのかなど、いくつかの理由が考えられます。基礎学力が不足しているようなら、そこは最優先で補強していかなければなりません。家庭学習がうまくいっていないなど、「学びのサイクル」がうまく回っていないようなら、塾の先生に相談したり、ここで

一度プロの家庭教師を付けて、正しい勉強のやり方を教えてもらったりするのも得策です。また、実力より上のクラスにいて、授業の内容が難しすぎたり、速すぎてついていけなかったりする場合は、クラスを下げてもらうことで落ち着いて授業が受けられるようになり、解消することもあります。

もし先生との相性が悪かったり、塾の雰囲気が嫌だったりと精神面で勉強に集中できないなら、同じ塾の違う校舎に移るという選択肢もあります。まずは今通っている塾を続けながら、改善できないか検討してみましょう。

それでも、うまくいかない場合は転塾を考えた方がいいでしょう。**転塾を検討する際には、必ず本人を転塾先の塾に連れて行き、本人の感想を聞いてみる**ことです。親御さんは候補となる塾のカリキュラムを調べ、やっていない単元があれば、子どもに伝え、できれば学習させておくなど、新しい塾でスムーズに学習に入れるようにフォローしておきましょう。大人でもそうですが、環境が変わったときは、はじめは緊張したり、ストレスを感じたりするものです。いつも以上に子どもの様子を気にかけてあげてください。

転塾のタイミングとしてベストなのは、4・5年生の夏期講習前です。多くの塾ではその学年の1学期までに習ったことを夏休みの講習で復習するからです。ただ、4年生の1学期の段階では、まだそこまで見極められないかもしれません。でも、5年生の夏までには決断をするようにしましょう。それ以降になると転塾ができなくなってしまうというわけではありませんが、新しい塾に慣れるまでには時間もかかるということを頭に入れておいてください。

今の環境を変えるのは勇気が要りますが、そうすることで**お子さんがのびのびと勉強ができるのであれば、転塾をネガティブに捉える必要はありません。**カリキュラムの進度が速い大手塾からスローペースの大手塾に転塾したことで失いかけた自信を取り戻した子もいますし、大手塾から地元の中小塾に移ったことで、教え上手な先生に出会い勉強が好きになった子もいます。大事なのは「子どもにとってのベスト」を考えてあげることです。

4～6年生の1学期まではインプットの学習を優先する

中学受験の勉強は3年間をかけて行われますが、大きく2つのステージに分かれます。**4～6年生の1学期までは毎回の授業で新しい単元を学習するインプットの期間。**ここでは、第2章で紹介した「1週間の学びのサイクル」を意識した学習を行っていきます。

ここで**一番大事になってくるのは「授業の聞き方」**です。

同じ塾に通い、同じ先生の授業を受けても、成績が上がる子とそうでない子がいます。その差は何なのでしょうか？　もちろんそれまでの学習状況の違いは多少あるかもしれませんが、子どもの能力ややる気の差で決めつけてしまうのは早合点です。

受験勉強がうまくいっている子というのは、「塾を活用できている子」です。つまり、**塾の授業をよく聞き、できるだけ授業の中で理解しようとしている子たちです。**

一方、伸び悩む子は、授業中どこか心ここにあらずといった様子だったり、ノートを書くのに夢中で先生の話をきちんと聞いていなかったりします。授業中に理解ができないまま、宿題をやろうとするので、進まないのは当然のこと。自分で進めていくことができないから、親のサポートが必要になり、親御さんの負担が増えていきます。中学受験がつらくなってしまうのはこのパターンです。

できるだけ授業の中で理解をする

授業中は、とにかく先生の話をよく聞くことです。そのとき、先生の口元を見るように言いましょう。というのも、話す人によって声が小さかったり、滑舌が悪かったりしてよく聞き取れないことがあるからです。しかし、口元を見ることによって、聞く側が言葉を補うことができます。

授業では必ず、その日の大事なポイントを伝えます。そのとき、先生は子どもたちに理解してもらおうと、「今日はここが大事なところだよ」「ここはしっかり覚えておこうね」と強調したり、身ぶり手ぶりで説明したりします。そこを見逃さないように言っておきます。

塾のカリキュラムは4年生から6年生まで毎回「今日はこの単元を学習する」と決められています。これらの単元は学年が上がってもう一度出てくることもありますが、その中身は応用問題にレベルアップしています。つまり、塾の授業は一期一会なのです。

ただ大事なポイントはいつ出てくるかは分かりません。はじめから「今日は○○について勉強するよ。今日の授業のポイントは△△だよ」と教えてくれる先生もいますが、たいていは、いろいろな説明をした後に「ここがポイントだよ」という展開になります。話が単調だと途中で飽きたり、集中力が切れたりしそうになりますが、教える側からしたら子どもたちが理解しやすいように順序を追って説明しているので、最後まで聞くことが大事です。

また、授業は聞いて終わりではありません。その日に習ったことを整理するために必要なのが「復習」です。復習については第2章で説明した通りです。ここまでやって、「授業を理解した」ことになります。4年生から6年生の1学期までは、このくり返しです。

ただ、残念なことに子どもはすぐに忘れます。どんなに納得して覚えたとしても、それを活用する場面がないと忘れてしまうのです。そこで、**6年生の2学期からは、これまでインプットしてきたことを総動員してアウトプットしていく練習**をしていきます。

第5章からは、6年生後半の学習ポイントと親のかかわりについてお伝えします。

第5章

小6後半戦、志望校の選び方&対策

志望校・併願校はいつまでに決めればいい？

6年生の夏休みが終わると、いよいよ秋から志望校特訓が始まります。志望校特訓の受講資格は夏の終わりに決まるので、**7月までにはおおよその第1志望校を決めておかなければなりません。**

では、併願校も含め、すべての受験校はいつまでに決めたら良いのでしょうか？　おおまかなタイムスケジュールは次のようになります。

- **学校説明会での情報収集（〜11月）**
- **受験校候補のピックアップ（〜9月）**

- **過去問対策スタート（9月）**
- **志望校・併願校をほぼ決める（10〜11月）**
- **志望校・併願校の最終決定（12月）**

学校説明会が続く6年生秋は、早めにスケジュール調整をしておく

6年生の9月（塾によっては8月末）から各塾では毎月1回、志望校の合否を判定する合否判定模試が実施されます。この模試は9月〜12月にかけて計4回ほど実施され、その結果を踏まえて第1志望校を受験するか変更するか、併願校をどこにするか、最終的な受験校を決めていきます。

同時に、秋は多くの学校で学校説明会が実施されます。第1志望校、第2志望校あたりは、すでに4・5年生のときに参加したというご家庭が多いと思いますが、この時期は併願校を含め、より現実的な情報収集の機会となります。6年生の保護者を対象にした入試説明会では、募集要項や入試の中身の説明もあるので、**気になる学校の説明会は参加してください。特に併願校は幅広い選択肢の中から検討することをおすすめします。**偏差値的にはかなり下であっても、「もしかすると受験するかもしれない学校」の説明会は参加しておきましょう。

学校説明会の日程は、早めに情報収集をし、スケジュールを押さえておくようにしましょう。人気の学校は、募集開始と同時に定員が埋まってしまうこともあります。コロナ以降はオンラインでも視聴できるようになっている学校が増えていますが、やはり実際に足を運んで、校長先生の生の声を聞いた方がいいでしょう。その場にいたからこそ伝わってくるもの、感じることが必ずあるからです。

幸せな中学入試にするための受験パターン戦略

小学校生活の半分を使って受験準備を進めていかなければならない中学受験。しかし、現実は厳しく、第1志望校に合格し、進学できる子は受験生全体の約3割といわれています。そして、多くの子は第2志望校や第3志望校へと進学します。だからこそ、**「もしかすると通うことになるかもしれない」併願校選びがとても大切**になってきます。

首都圏の中学入試の山場は2月1日〜3日の3日間ですが、受験シーズンは1月から幕が上がります。まず、1月前半から埼玉入試が始まり、続いて後半から千葉入試が行われます。埼玉・千葉の受験生にとっては入試本番になりますが、2月1日から本番を迎える東京・神奈川の受験生にとっては、本番に慣れるため、本命校の前に受ける「前受け受験」

になります。
「前受け校」は、2校くらいが一般的です。目標は「合格」を手に入れること。それが大きな自信となって、これから始まる入試に向かってよい勢いをつけることができます。

一方、2校受けて「合格」と「不合格」の両方を経験した場合、理想的に本番を迎えられる可能性もあります。小学生が挑戦する中学受験は、最後まで何が起こるか分かりません。でも、1勝1敗なら「合格」という安心を手に入れているので、本番で思い切ってチャレンジすることができるし、「不合格」というつらい現実も経験したので、最後まで気をゆるめずに頑張るようになります。また、それまでは受験に対してどこかひとごとで、やる気を感じさせなかった子が、不合格を味わったことで、「まずいぞ、これではどこも受からないかもしれない！」と我に返り、突然やる気のスイッチが入ることもあります。

2日までに必ず一つ「合格」を手に入れておく

ただ、東京・神奈川の受験生にとって、千葉や埼玉の学校は距離的に遠く、現実は通学が難しいこともあります。やはり、2月1日から始まる本番で合格を手に入れることが目標となるでしょう。

近年の中学入試は短期決戦型が特徴。2月1日の午前に第1志望校を受け、1日の午後や、2日、3日に第2志望校、第3志望校を受験するというのが主流になっています。そこで合格できれば、その時点で中学受験は終了です。

そこまでに合格が取れないと、4日、5日……、と長引いていきます。後になればなるほど少ない定員数に受験者が集まり、限られたパイを争うことになります。また、不合格が続くと、親子ともども精神的なダメージを受けます。まだ12歳の子どもですから、強靱《きょうじん》なメンタルを持っているわけがありません。一つの不合格をきっかけにガタガタと崩れてしまうこともあります。だからこそ、早めに合格を手に入れることが大切なのです。以前は、午後入試は子どもに負担がかかると避けていた家庭もありましたが、**今は塾でも勧められ、多くの子が1日の午後も受験をしています。**

失敗しない併願校の選び方

併願校というと、「万が一のときの押さえ」というイメージを持っている人は少なくありません。しかし、先にお伝えしたように、**中学受験で第1志望校に合格し、進学できる子は、全体の約3割に過ぎない**のだということを頭にしっかり入れ、「もしかして通うことになるかもしれない学校」という目線で選ぶことが重要です。

併願校を決める際には、次の3つの視点から検討してみましょう。

1 その学校はわが子に本当に合っているか？
2 入試傾向が第1志望校に近いか？
3 受験日時のスケジュールは大丈夫か？

1 その学校はわが子に本当に合っているか？

まず、実際に「通う」ことを考えたとき、**その学校がお子さんに合っているかどうかが、一番の見極めポイント**になります。

中高一貫校は大きく分けると、「伝統校」と「新興校」の2つのタイプに分類されます。

伝統校は創立から長い歴史を重ねてきた学校です。社会の変化にもまれながらも、「職業の前に人間教育」「女性の自立」などといった創立者の教育理念が脈々と受け継がれ、それが校風にも表れています。男女御三家をはじめ、男子教育・女子教育を行っている学校では、長年勤め上げられた教員の体にもその理念が染みこんでいる気風を感じさせます。

一方、新興校は「グローバル」「スーパーサイエンス」「ICT」「STEAM教育」など、近年の教育で注目されているキーワードを全面的にアピールしています。これは、裏を返せば、今の時代に合った「優れた職業人を育成する」学校ともいえます。近年、男女別学校から共学校へ変わった学校、経営者が代わった学校などがそれに該当します。今後伸びていくかどうかは、校長先生やそのブレーンにかかっているところも。学校説明会での校長先生や教員の話がどのくらい熱を持っているかが、見極めポイントの一つになるでしょう。

伝統校か、新興校か――。これは、各家庭の価値観によるものなので、どちらがいい、悪いの話ではありません。ただ、**親御さんがよかれと思って勧めても、お子さんの性格や大事にしていることなどと合っていなければ、ミスマッチになります。**ここはブランド校や世間の評判に流されず、「わが子に合うかどうか」という冷静な目で判断することが大切です。

オープンスクールや文化祭などで、学校の雰囲気や生徒の様子を知る機会はあります。また、普段の日常の様子を知りたければ、例えば下校時などの生徒の様子を見てみるのもいいでしょう。そして、そこに「うちの子がいたらどうだろう?」と想像してみてください。そこでお子さんがイキイキと楽しそうに過ごしている姿が浮かんだら、その学校はお子さんに合っているかもしれません。あれ? なんだか違うかも? と思ったら、その違和感は案外当たっているものです。最終的には子ども本人の希望と、お子さんをよく知る親御さんの肌感覚と照らし合わせて、親子で話し合って決めましょう。

くれぐれも、**偏差値の数値だけで決めない**ことです。校風もよく知らずに、偏差値だけで学校選びをしてしまうと、入ってから「こんなはずじゃなかった……」とギャップに苦しみ、学校生活が楽しめないまま6年間を送ることも。実はそんな子は一人や二人ではなく、毎年どの学校でも不登校になってしまったり、途中で退学してしまったりする子がいます。それでは、幸せな中学受験とはいえません。

②入試傾向が第1志望校に近いか？

併願校としていくつか候補が挙がったら、その学校の入試問題をチェックしてみましょう。ひとくちに中学受験といっても、各校の入試問題の中身はさまざま。選択問題が多い学校もあれば、記述問題が多い学校、すばやく正解を出す処理能力の高さが必要になる学校など、求められる力も難易度も違います。

近年の中学受験では、第1志望校から安全校まで、1人あたり5〜6校を受験するのがスタンダードです。もしその5〜6校の入試問題の傾向がみんなバラバラだったら、それぞれに対策を取らなければなりません。それは子どもにとっては大きな負担になります。また、入試問題の傾向が違うということは、頭の使い方も違ってくるので、その切り替えも大変。ですから、**併願校を選ぶときは、第1志望校と入試の傾向が似ている学校を選ぶの**

が鉄則です。

次の図は、首都圏の学校の入試問題の傾向を表したものです。縦軸は「解法テクニックや知識の量」を重視した入試問題の学校、横軸は「思考力や試行錯誤力」を重視した学校を示します。併願校を決める際には、ある程度の「安全」を考えて、第1志望校の偏差値よりも5〜10くらい下の学校を選ぶことになりますが、偏差値だけではなく、入試問題の傾向がどのあたりに分類されるかも必ずチェックしておくようにしましょう。

③受験日時のスケジュールは大丈夫か？

各学校の入試日程は、毎年ほとんど同じです。サンデーショック（東京・神奈川の入試初日にあたる2月1日が日曜日の場合、一部のミッションスクールが例年2月1日に実施する試験日を別日に変更する）などよほどのことがない限り、変わりません。ですから、受

入試問題の傾向別に学校を分類

男子校　女子校　共学校

男子校

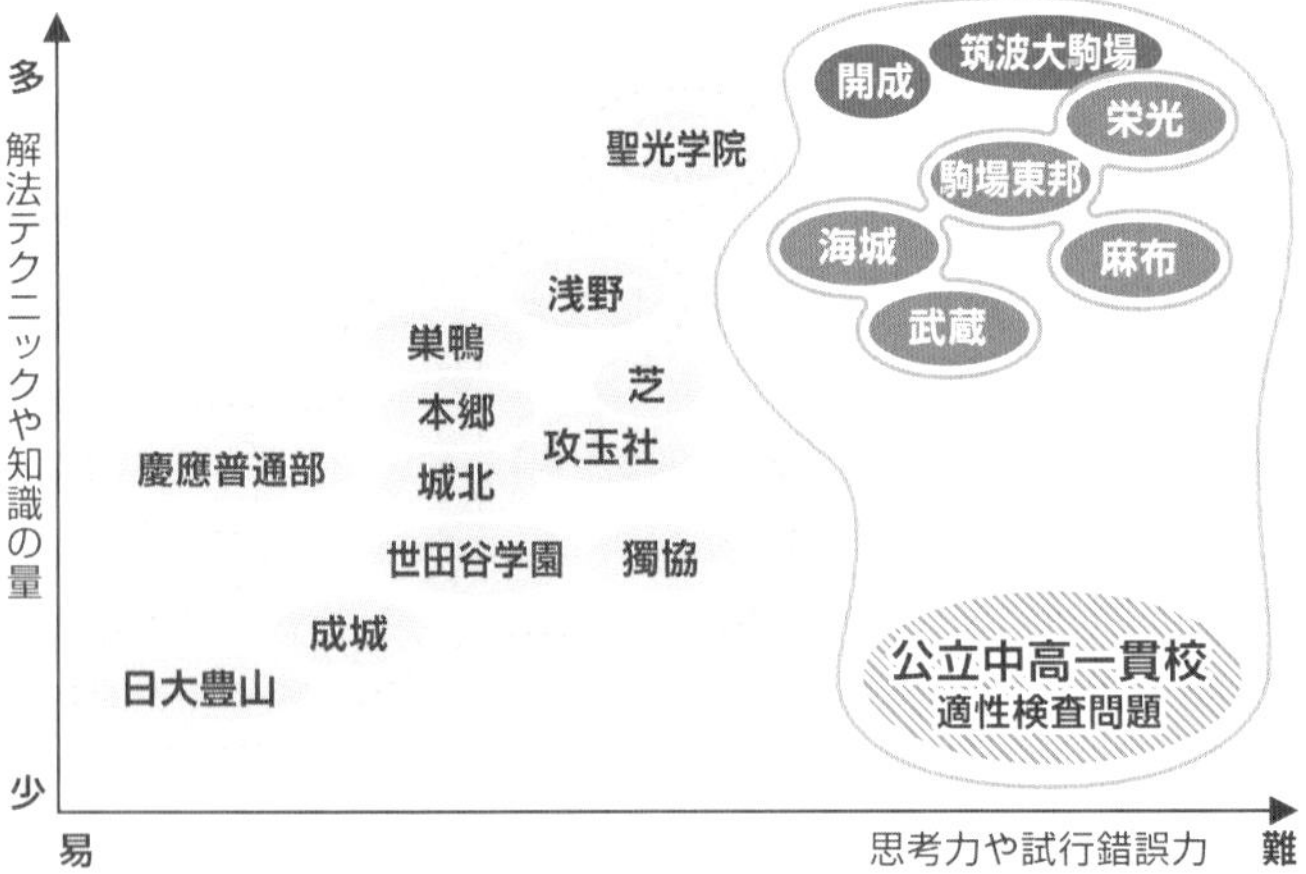

女子校

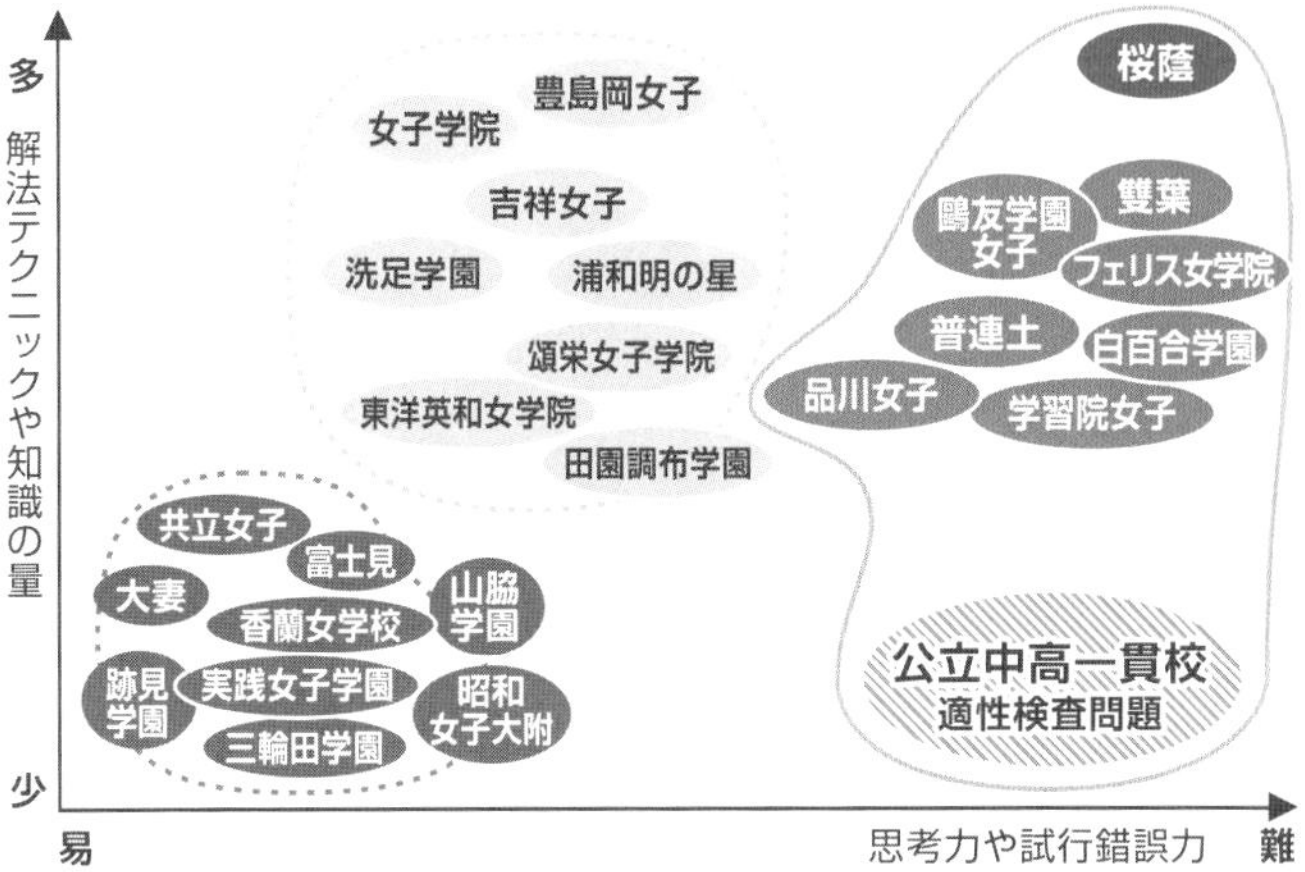

多
解法テクニックや知識の量
少
易
思考力や試行錯誤力
難
豊島岡女子
女子学院
吉祥女子
洗足学園
浦和明の星
頌栄女子学院
東洋英和女学院
田園調布学園
桜蔭
鷗友学園女子
雙葉
フェリス女学院
普連土
白百合学園
品川女子
学習院女子
共立女子
富士見
大妻
香蘭女学校
山脇学園
跡見学園
実践女子学園
昭和女子大附
三輪田学園
公立中高一貫校
適性検査問題

共学校

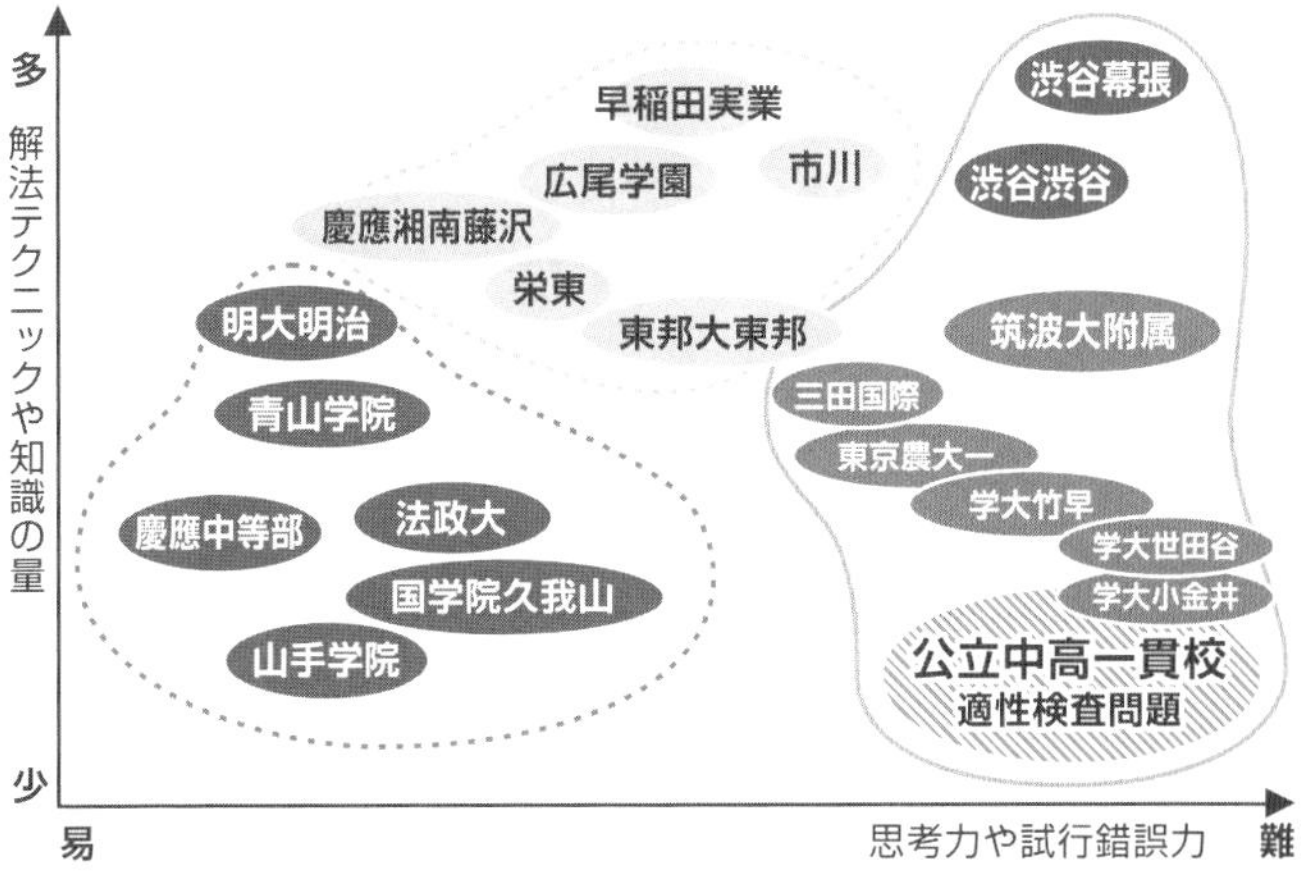

多
解法テクニックや知識の量
少
易
思考力や試行錯誤力
難
早稲田実業
広尾学園
市川
慶應湘南藤沢
栄東
東邦大東邦
渋谷幕張
渋谷渋谷
筑波大附属
三田国際
東京農大一
学大竹早
学大世田谷
学大小金井
明大明治
青山学院
慶應中等部
法政大
国学院久我山
山手学院
公立中高一貫校
適性検査問題

（西村則康［名門指導会］分析　入試問題傾向分析図）

タイプ別に考える受験スケジュールの一例

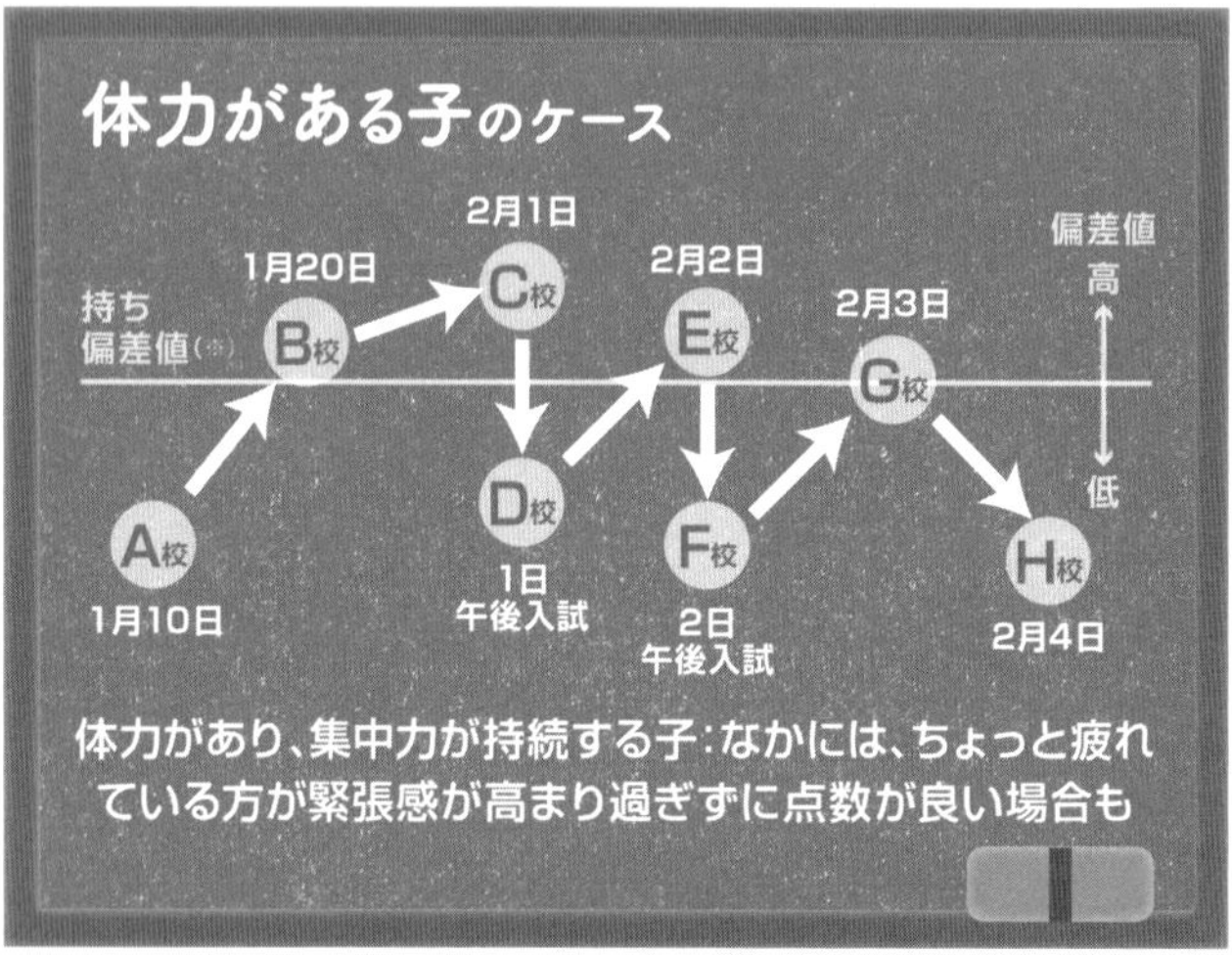

※持ち偏差値 … 6年生秋以降の合否判定模試の平均偏差値などを指し、受験生の学力を表す言葉

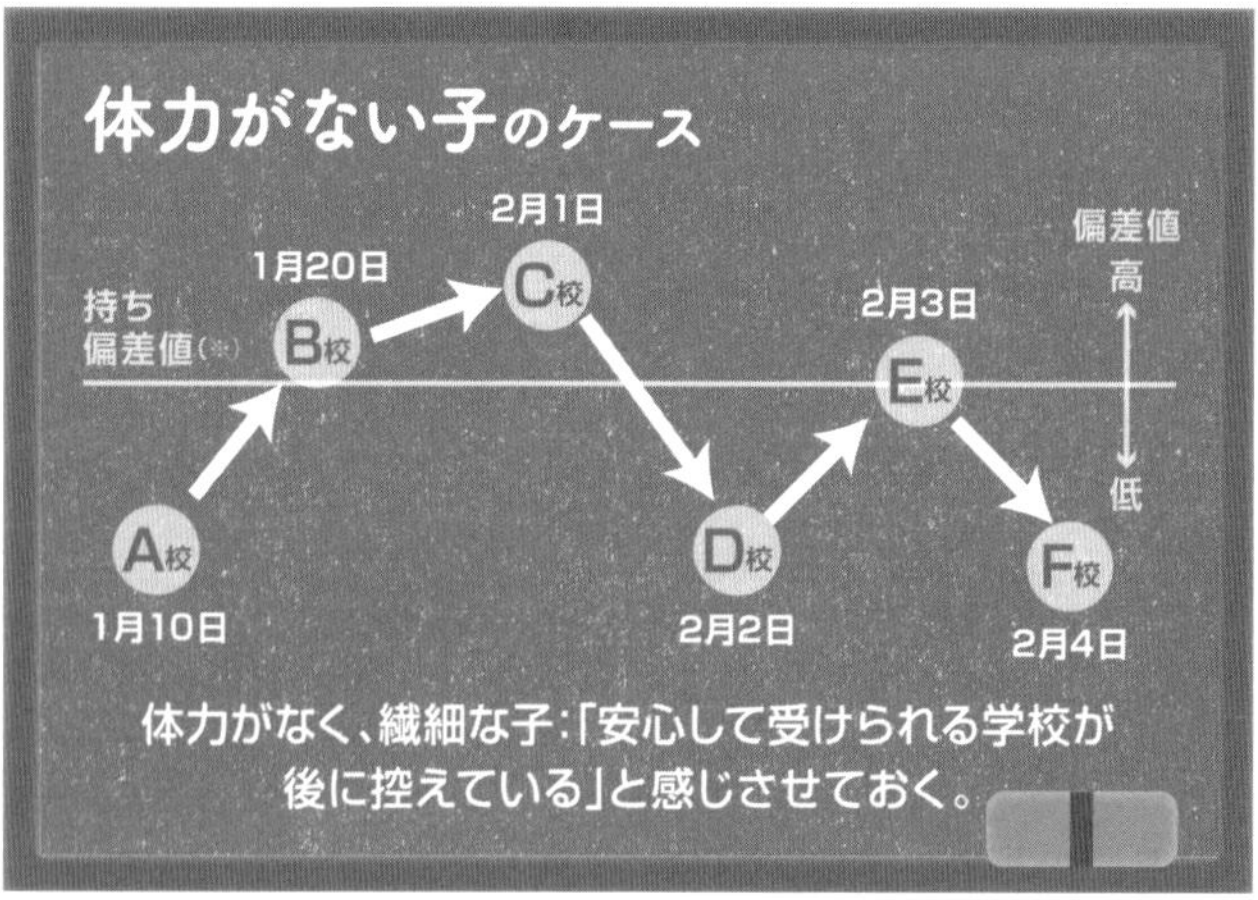

験日程は例年の入試日を参考に決めていきます。

御三家以外の多くの学校では、試験を複数回行っています。ただし、試験日が後になるほど募集人数枠が少なくなり、倍率が跳ね上がります。持ち偏差値よりも低い学校だからといって気を抜いてはいけません。

受験スケジュールは、子どものタイプも考慮した方がいいでしょう。大きく分けると、次の2つのパターンがあります。

お子さんが体力のある子、あるいはエネルギーが強いタイプの子なら、2月1日・2日は午後入試もエントリーしておきましょう。なかなかのハードスケジュールになりますが、ちょっと疲れているくらいの方が、緊張感が高まり過ぎず集中力が継続します。ただし午後受験は、強気は禁物。持ち偏差値よりも低い安全校で必ず合格を手に入れるようにしましょう。

一方、お子さんの体力があまりなく、かつ繊細なタイプの子の場合は、ムリのない受験スケジュールにしておきましょう。近年は早めに合格を手に入れるために、1日の午後入試がスタンダードになりつつありますが、子どもによっては体力的に大きな負担になり、翌日の入試に響いてしまうことがあります。そういう子の場合、ムリはさせずに2日以降は持ち偏差値と同じかまたはそれより下の学校をそろえておき、「安心して受けることができる学校が後に控えている」と感じさせておくといいでしょう。**大事なのは、お子さんに合った戦略を考えること**です。

私立中学と公立中高一貫校は併願できる？

中学受験といえば、ひと昔前は「私立中高一貫校を受験すること」を意味していました。しかし、2005年に東京都に初の公立中高一貫校が開校し、その翌年から5年間で11校の公立中高一貫校が誕生すると、「公教育で私立並みの手厚い教育が受けられる」と期待が高まりました。一時は受検倍率が6倍にもなる人気ぶりでしたが、開校から約20年がたった今はゆるやかに低下。東京都教育委員会の発表によると、2024年度入試の平均受検倍率は3・82倍と落ち着きを見せています。とはいえ、私立の難関校、男子御三家の受験倍率が3倍前後ですから、狭き門であることは変わりません。

公立中高一貫校の入学者選抜は、「受験」ではなく、「受検」と書きます。その理由は、公立中高一貫校の選抜方法は、私立中高一貫校の「学力テスト」のように学力だけを見るものではなく、小学校の成績や活動の記録を反映させた「報告書」と、「適性検査」と呼ばれる独自の筆記テストで選抜が行われるからです。

適性検査は、私立中学受験のような教科別の学力テストではなく、教科の枠を超えた総合

的な力が求められます。ただ知識を問うだけの抜き出し問題はほとんどなく、文章やグラフ、資料などを読み、そこから何が分かるかを考え、自分の言葉で表現する力が求められます。そして、解答の多くが記述式です。こうした特殊な形式であるため、私立中高一貫校の「受験」と公立中高一貫校の「受検」は別物と考えられています。

しかし、**総合力を問われるタイプの問題は、実は私立の難関校の入試ではすでに取り入れられています。**むしろ、知識量でいえば、私立難関校で必要とされる知識量の方がはるかに多く、論理的思考力や記述力も鍛えられているため、そういう子にとっては、私立難関校を第1志望にしながら、人気の公立中高一貫校を併願することも可能です。

ただし、一つだけ気をつけなければならないことがあります。それは**受験校の組み合わせを間違えてはいけない**ということです。

私立難関を第1志望にしている子の公立中高一貫校対策の注意点

212のページの入試問題の傾向をグループ分けした図をもう一度見てください。公立中高一貫校の適性検査では、私立中学入試で問われるような膨大な知識は必要ありません。求められるのは、自らの頭を使って考え、自分の言葉で表現する力。つまり、思考力や試行錯誤力、表現力といった総合力です。

同じような傾向の入試を行っているのが、図の中で公立中高一貫校と同じ枠内にある学校です。男子校なら麻布中、栄光中、女子校なら桜蔭中や雙葉中、共学校なら渋谷幕張中や渋谷渋谷中などの難関校が該当します。これらの難関校に合格のめどがついている子であれば、公立中高一貫校との併願は十分可能でしょう。なぜなら、これらの学校の入試問題は、難度の高い思考力や記述力を求める問題を出題するからです。

一方、**同じ難関校でも知識量重視の学校は、公立中高一貫校の適性検査とは中身が異なるため、併願には向きません。**ところが、これらの学校も時代の変化に伴い、数年ほど前から入試問題の傾向が「知識量」から「思考力」へ徐々に変わりつつあります。そのため、以前よりは公立中高一貫校の併願がしやすくなっているのです。

そうはいっても、私立中学入試の勉強だけで、公立中高一貫校の「適性検査」に挑戦するのはやや不安があります。そこで、次のような進め方をおすすめします。

まず、一般的な中学受験同様に、小学3年生の2月から大手進学塾に通い、6年生で志望校特訓を受講できるよう、第1志望校対策を中心に進めていきます。同時に、6年生から1年間だけ公立中高一貫校対策を得意とする「ｅｎａ」などの日曜特訓や模試に通うなどして、適性検査に慣れておくといいでしょう。

私立中高一貫校を第1志望にしている子は、公立中高一貫校の適性検査で求められる論理的思考力や記述は鍛えられていても、「自分の考えを主張する」ことは、練習をしていません。公立中高一貫校に合格する子は、小学校ではリーダー的な存在の子が多く、知識や好奇心があり、かつ自分の意見が言える子です。そのため、適性検査の記述問題では「あなたの意見を書きなさい」という問題が多く出されます。学力レベルに問題がなくても、日ごろから自分の意見を言えない子には太刀打ちできない内容になっていますので、**併願する場合にはある程度の対策が必要になる**ことを知っておいてください。

一方、公立中高一貫校を第1志望にする場合は、適性検査対策に強い「ｅｎａ」などに5年生から通うのが一般的です。小学校のテストでいつも１００点を取れる子であれば、5年生から2年間の対策で十分でしょう。

公立中高一貫校が誕生した頃は、適性検査の受検対策がまだ確立しておらず、また並外れた高倍率のため、「受かればラッキー」といった記念受検のような傾向がありました。実際、多くの子が公立中高一貫校受検一本勝負で、私立中学は併願していなかったのです。

けれども、近年は中堅以下の私立中学で公立中高一貫校の適性検査を意識した「適性検査型」の試験を実施する学校が増えたため、公立中高一貫校の受検本番前にお試しで、私立中学を併願する子が増えています。

ただ実際は、公立中高一貫校を第1志望にする場合、「ダメなら高校受験でリベンジ」と考えている家庭が多いようです。私立中学を第1志望にする場合、第1志望校に縁がなくてもどこかしらの私立中学校へ進学するケースがほとんどで、ここが両者の大きな違いといえるでしょう。

過去問対策はここをチェック!

各学校の過去の入試問題、いわゆる「過去問」は志望校対策に欠かせない大事なツールです。ただし、正しく取り組まなければ効果は望めません。

過去問を解く目的は、志望校の入試問題の傾向を知り、入試形式に慣れることです。そのためには、次の2点を意識して取り組みましょう。

❶ 制限時間を守り、本番と同じような心構えで取り組む

❷ 解きっぱなしにならないように、間違えた問題の復習をしっかり行う

過去問は本番を意識して取り組むことが大事です。開始時間を決めて、制限時間も守らせます。また、過去問を解くときは、問題・解答用紙を拡大コピーして実物大にしておきます。数年分をまとめた過去問集、いわゆる「赤本」と呼ばれているものは、出版の形式の都合で1ページに何問も載せています。しかし、実際の入試では1ページに1問という学校もあり、その余白に計算式を書いたり、考え方を図や表にしたりするスペースに充てています。この「考える過程」を重視する学校もあります。

過去問は解いて終わり、ではありません。むしろ、その後の復習が重要になります。まず、なぜ間違えたか原因を探ります。特に**正答率の高い基本問題が解けなかった場合は、きちんとその原因を突き止めておく必要があります。**単なる読み取りミスなのか、計算ミスなのか、それともそもそも知識が不足していたのか——。原因が明らかになったら、「次は気をつけようね」で終わりにするのではなく、どうすれば解けるようになるかやり方を分かるようにしてあげることが大切です。

例えば「読み取りミス」の場合、早く読もうと焦ってしまい、文章を飛ばし飛ばし読んでしまっていることが考えられます。特に制限時間のある過去問演習は、本番に近いこともあって気持ちが焦り、その傾向が出やすくなります。制限時間を意識することはいいのですが、まずは文章をしっかり読み切ること、重要箇所には線を引くことなど、落ち着いて読むように伝えてあげましょう。

近年の入試はどの教科も問題文が長くなっています。例えば算数の速さの問題では、複数の登場人物が出発時間をずらして目的地に向かい、途中どこで合流するかなどの問題が出題されます。すると、時間や距離、時速などで複数の数字が出てきます。「読み取りミス」の多い子は、それらが頭の中でごちゃごちゃになってしまい、慌てて答えを出そうとしてミスをしてしまうケースが見られます。そういう子は、頭の中だけで考えようとせず、条件を書き出して整理するように促してみてください。書き出し方としては、表にしたり、線分図にしてみたり、図の中に書いてみたりするなどいろいろあります。

一方、いくら考えても分からないような難問は「捨てる」でも構いません。中学受験では満点を取って合格する子はいません。多くの子はギリギリで合格しています。合格点をクリアできればそれでいいのです。**過去問は「合格平均点」に達することを目標にしましょう。**

過去問の取り組み方は志望校によって変わってくる

過去問は9〜10月ごろから始めるのが一般的です。塾でもそのように言われることが多いと思います。しかし、必ずしもその時期にこだわらなくても良いでしょう。

過去問は第1志望校なら過去5年分、第2、第3志望校なら過去3年分、「前受け校」なら過去1〜2年分やっておくのが一般的な目安です。

過去問は必ずしもたくさんやればいいというものではありません。塾によっては「第1志望校の過去問は10年分やっておくように」と言われますが、開成中のようにその年によって入試傾向がころころ変わる学校は5年分で十分です。また、中堅校や上位校は年々問題が難化しているため、あまり古い年の過去問は解いても入試対策にはなりません。入試傾向を知るには、ここ1、2年の過去問をしっかり見ておくことです。

一方、麻布中や武蔵中のように10年以上問題傾向が変わっていない学校は、過去問をたくさん解くことで力が付きます。10年分の過去問を解くとなると、それなりの時間が必要になりますので、注意しましょう。

ただし、それができるのは、第1志望校を受験するだけの学力がある程度付いている子に限ります。**現時点でのお子さんの学力レベルが志望校の学力レベルと大きくかけ離れている場合は、弱点対策を優先するべきです。**「過去問は10月から」と受験界では合言葉のようになっているところがありますが、まだそのレベルに達していない子はある程度の学力が付いてから取り組んだ方が効果は出やすいでしょう。

直前期のダメ出しは子どもの自信とやる気を奪う

過去問は模試よりも本番の入試に近いイメージがあるからか、結果が悪いと落胆して、子どもを厳しく叱ったり、ダメ出しをしたりする親御さんがいます。でも、それは逆効果です。

入試本番を間近に控えた直前期は、子どものまだできていないところにどうしても目が行きがちになります。どう頑張っても解けそうにない難問であれば目をつむることもできますが、あと少し頑張れば解けそうな問題や、うっかりミスで落としてしまった問題に対しては、「どうしてこんな問題で……」と子どものミスに対して怒りを覚えることも。そして、「だから、問題文はちゃんと読まなきゃダメって言ったでしょ！」「こんな汚い字を書いているから、計算ミスをするのよ」とダメ出しに走ってしまう……。親御さんとしては、「今、言わないと本番で大変なことになる」という親心なのかもしれませんが、それを言われた子どもは自信をなくすだけです。または「どうせ今から頑張っても受かりっこない」とあきらめモードになってしまうのです。

この時期の親のかかわり方で最も大切なのは、いかに自信を持たせてあげるか。はじめから過去問で合格点を取れる子はほとんどいません。まずは、「これから点数を上げていく方法を一緒に考えてみようね」と前向きな言葉をかけてあげてください。直前期でも点数が足りなかったら、「○○だからダメなのよ」と子どもの弱点を指摘するのではなく、「○○してみたらいいんじゃない？」と「こうしたらいいことがあるよ」という感じで、具体的に何をすればいいかを教えてあげてください。そして、「惜しい！　ここができたらあと10点は取れたね。そしたら合格ラインに届くね！」といったように、合格がイメージできる声かけをし、自信を持たせてあげましょう。ここは、親御さんの言葉の変換知識や演技力にかかっているといっても過言ではありません。

苦手分野はどこまで頑張らせればいい？

6年生の後半は、苦手分野の弱点対策と志望校の過去問対策が学習の二本柱になります。

ここで多くの親御さんが悩むのが、弱点対策をいつまでやればいいのか――。入試が近づくにつれて、わが子のできていないところが気になってしまうのは、どの親も同じ。「もし、この苦手分野が入試に出てしまったらどうしよう……」そう思うと、ギリギリまで弱点対策をしたくなります。確かに少しでも苦手が解消できれば、自信にもつながるし、得点力アップにもつながってくるでしょう。しかし、不安から深掘りしすぎてしまうと、得点力が伸びないばかりか、焦る気持ちの方が大きくなり、かえってうまくいかなくなってしまうのです。

弱点対策は深掘り・深追いし過ぎない

夏休みの総復習を終えた後に受ける模試で好成績が取れたら、比較的順調に仕上がってきている証拠です。そういう子は、苦手分野の見直しは9月いっぱいをめどに終わらせ、その後は過去問を中心に取り組み、1点でも多く点を取る気持ちで実践的な勉強に切り替えていきましょう。でも、そんな子は受験生全体で見ればごくわずか。**ほとんどの子は、たくさんの苦手を残したまま**でしょう。

多くの受験生にとって、6年生の秋は苦手分野の克服に力を入れる期間です。苦手分野を見極めるには、これまでのテストの成績表が参考になります。例えば、多くの受験生ができている正答率80%の問題を間違えてしまった場合は、そもそも基本を理解できていないことが考えられます。そういう場合は、まずはその単元の基本を会得することが最優先です。

また、正答率60%の問題は、偏差値50以上の学校を受験するのであれば、正解できていなければなりません。その問題が正解できるかどうかが合否の分かれ道になるからです。正答率40%の問題は、中堅・上位校受験であればできなくても気にする必要はありませんが、難関校を目指すのであれば正解しておきたいレベルです。

ただ、弱点対策を行う際に気をつけなければならないことがあります。それは、深掘り・深追いし過ぎないことです。例えば算数の「速さ」の問題が苦手だったとします。すると、多くの親御さんは基礎から発展問題まですべてをマスターさせようとしますが、それは無駄な勉強です。

ひとくちに「速さ」といっても、受験する学校のレベルによって、求められる難易度は異なります。速さを3公式で解けるレベル、線分図で解けるレベル、または面積図やダイヤグラムなどを駆使するレベルなどいろいろあります。もし中堅校またはそれよりも下のレベルの学校を受験するのであれば、線分図を使って解く問題ができていれば合格ラインはクリアできるでしょう。逆にそれ以上であれば、面積図やダイヤグラムをどこまで使いこなせるようにならなければいけないか、過去問を参考に見極める必要があります。そうやって**受験する学校の入試がどこまでの難易度を求めているかを探ることが重要です。**そして、求められるレベルまでの対策はするけれど、それ以上のレベルの問題には手を出さないという取捨選択が必要になってきます。つまり、**これまでの「偏差値ごとに一律に与えられる問題を解く学習」をやめ、「志望校合格に直結する学習」にかじを切る**ということです。

弱点対策は「11月いっぱいで終了」と割り切る

ただし、弱点対策は11月いっぱいをめどに終了しましょう。その時点でまだ苦手が残っていたとしても、そこは割り切ることが大事です。弱点対策は子どもにとっては決して楽しい勉強ではないので、「必要最低限のことがクリアできれば良し」くらいの気持ちでいた方がいいでしょう。**親御さんが「これもまだできていない」「あれもまだできていない」と焦れば焦るほど、子どもは不安になります。**

中学入試は4教科の総合点で合否が決まります。苦手分野を克服して数点を上げることができたとしても、その勉強ばかりして本来取れるはずの科目で点を落としてしまっては元も子もありません。11月〜12月は過去問をしっかり進めつつ、4教科の総復習をしていきましょう。

直前期はポジティブ言葉を心がける

冬休みが終わると、いよいよ入試は目前です。この時期はもはやジタバタしても仕方がありません。入試直前は何か新しいことをさせたり、苦手分野を心配したりするよりも、今身に付いているものを確実にできるようにすることが大事です。**「得意な分野では確実に点を取る」「正解すべき基本問題の正答率を高める」、この2つに徹しましょう。**そして**「ここはもう大丈夫」を増やし、手応えを感じさせるのです。**そうすると、「もしかして合格できるかもしれない」と前向きな気持ちになり、最後まであきらめずに頑張るようになります。

ただ、一度覚えたものでも、忘れてしまうのが人間です。「覚えては忘れ、覚えては忘れ」は入試前日まで続くと思っておいた方がいいでしょう。ここはもう、もぐらたたきのように、根気強くつき合っていくしかありません。また、今までできていた問題を間違えてしまうことだってあります。そんなときは「なんで間違えたの?」と責めるのではなく、「本番ではなく、今、気づけてよかったね」と、ポジティブな言葉を渡してあげてください。ただ、そういう言葉は意識していないとなかなか出てこないもの。そこで、**直前期に起こりがちなことを想定して、いくつかのポジティブ言葉を用意しておく**ことをおすすめします。

例えば、こんな感じです。

【問題文をよく読まずに問題を解き始めてしまった】

×ダメ出し言葉「なんでちゃんと読まないの!」

◎ポジティブ言葉「理科のこういう長文問題は、文章の中に答えやヒントが書いてあることが多いみたいよ。あなたならきっと見つけられるよ」

【字が雑で解答用紙にバランスよく書けていない】

×ダメ出し言葉「また雑に書いている！　だから計算ミスをするのよ」

◎ポジティブ言葉「この問題の解答、左上からちゃんと書いていれば、途中で計算スペースがなくなることなく正解できたかもね。そしたら、10点取れて合格ラインに達していたね」

【直前期なのにやる気が感じられない】

×ダメ出し言葉「一体いつになったらやる気を見せるの。こんなんじゃ合格できないよ」

◎ポジティブ言葉「今からでも大丈夫」「さぁ、これからが勝負だよ！」

そんなわざとらしい言葉はかけられない。そう思った人もいるかもしれません。親御さんからすると、「最近うちの子、生意気だし、こんな言葉じゃ響きっこない」と思うかもしれませんが、相手はまだ小学生です。**どんなことでも肯定的に伝えれば、「そうか、そうすれば正解できるんだな」と素直に受け取り、次は同じミスをしないように気をつけるようになります。**伝え方をちょっと変えるだけでミスを防げるのなら、実践しない手はありません。

6年生は12月の模試を最後に、**本番までの約1カ月半の間、合否の判断に使える材料がない中で、最後の追い込みへと入っていきます。そして、この間に得点力は大きく変動します。**手応えのない中での勉強は時に不安になりますが、そんなときこそ、いつもそばで見ている親御さんの言葉が背中を押すのです。

ただ、「頑張れ」はできるだけ言わないであげてください。子どもたちはもうすでに十分頑張っています。だからこそ、「毎日、本当に頑張っているね」「お父さんとお母さんはあなたがこれまで頑張ってきたのを知っているよ」と**これまでの頑張りを認め、褒めてあげる。それが子どもにとっては何よりもうれしい励ましになります。**

入試当日に今ある力を最大限に発揮するには

「入試前日は何をしたらいいのでしょう?」、よく親御さんたちから聞かれる質問です。親御さんとしてはまだ気になることがたくさんあると思います。しかし、今ここで「あれも見ておかないと」「これも押さえておかないと」とオロオロしても仕方がありません。

前日はこれまで解いた過去問を見直す程度でいいでしょう。問題文と解説を見ながら「この問題のポイントはここだな」と確認しておくくらいで十分です。

理科・社会の暗記分野は、ポイントがまとまっているテキストなどをさらりと目を通しておくといいでしょう。実は多くの子は、ほとんどの知識は覚えています。時間がたつうちにうろ覚えになってしまっているだけなのです。それを思い起こすという目的で、最後の夜や当日の朝にパラパラと見ておくだけでも効果はあります。

緊張をやわらげるために「イメトレ」をしておく

勉強はもう十分にやってきたはずです。後は、当日に今ある力を最大限に発揮できればいいだけ。

大人でも試験や発表会など、何かの結果や成果を出さなければならないときは、緊張するものです。まして、わずか11歳、12歳の子どもです。大人のように経験があるわけではないので、当日どのような状態になるのか、親にも本人にも予想がつきません。塾から「あなたなら絶対大丈夫」と太鼓判を押されていた子が、当日の極度の緊張で不合格になってしまうのはよくあること。そのくらい**当日のメンタルの影響は計り知れない**のです。

そこで、ぜひおすすめしたいのが、**「入試当日の自分」をイメージトレーニングさせる**こと。朝起きてから、ごはんを食べて、試験会場に向かい、入試に挑む自分。そのときの様子を一つひとつ頭で描けるように、親子で会話をしてみましょう。

例えばこんな感じです。

「学校が近づいてきたよ。まわりはどんな感じかな?」

「すごくいっぱい人がいる。お母さんと一緒に来ている人が多いみたいだね」

「さぁ、いよいよ試験が始まるよ。『はい、始め!』って合図があったら、まず何をする?」

「受験番号と名前を書く。それから問題をひと通り見て、どういう順番で解いていくか考える」

「おっ、落ち着いているじゃない。それなら、もう大丈夫よ！」

このように、その日の自分の行動やまわりの様子をイメージしておくと、落ち着けるものです。そして、最後の最後は、お子さんの力を信じて送り出すしかありません。その背中は親御さんが思っていたよりも、きっと大きく見えるはずです。

すべての受験生が今ある力を最大限に発揮できますように——。

第6章

忙しい親の受験の悩みに答える20の金言

「親メンタル」「勉強法」… キーワード別お悩みQ&A

これまで日経xwoman（クロスウーマン）DUAL主催「中学受験セミナー」で、共働き家庭を中心に数多くの忙しい親御さんの相談にのってきました。

そこで、皆さんからお寄せいただいた質問とお答えしてきたことをこちらでもお伝えしていきます。受験にまつわるキーワードとともにご紹介しましょう。

志望校選び

Q 「もう勉強したくないから」と大学付属校狙い。これって間違っている？

本人は「もう勉強したくない」という理由で大学付属校を目指しています。しかし、大学付属校は人気があり、なかなかの狭き門。志望校選択の視野を広げるべきでしょうか?

A 「もう勉強したくない」という理由で付属校に行くのは心配です

まず、**第1志望校をどこにするかは、そこに通うことになるかもしれない子ども本人の希望を聞くことが大事**です。けれども、「もう勉強したくない」という理由で大学付属校に行くのは、その先が心配です。「受験勉強がしたくないから」ならまだいいのですが、「勉強をしたくない」という理由で付属校を選ぶと、入学後、本当に勉強をしなくなります。

勉強の本当の楽しさを知っていくのはこれからです。ですから「付属校は人気があるから他の学校も視野に入れておく」という考えではなく、**「付属校だけでなく、わが子が6年間楽しく過ごしながら、自ら学んでいけるように導いてくれる学校はどこか」**という視点で、選択肢を広げてみてください。

長い中学受験勉強の中で、「もう勉強したくない」から、「勉強って楽しいんだな」と気づけるチャンスはいくらでもあります。それは直前期であっても、です。特に6年生になり、志望校を絞り込む段階は、受験生にとってしんどい時期です。でも、つらい時期こそ、どのような学習をしていくかで、勉強への意欲を取り戻せるチャンスは十分あります。

「あれも覚えなきゃ、これも覚えなきゃ！」と知識を詰め込んだり、何度もくり返し問題を解いたりといった機械的な学習をするばかりでは、勉強が楽しいとは思えないでしょう。自分で考え、「なるほど！　そういうことか！」と納得感のある理解を得ることができれば、「実は勉強って楽しいんだな」と、きっと勉強の面白さに気づけるはずです。**どうか機械的な学習に陥らないようにしてあげてください。**

勉強法

Q 理科と社会、一部の国語の暗記分野、どうやって覚えるといい？

暗記科目が苦手です。理科と社会はどのように、どの範囲まで覚えたらよいのでしょうか？　また、国語の暗記分野もどこまで力を入れればよいでしょうか？

A 「どこまでやるか」よりも「どのようにやるか」が重要

中学受験の理科・社会の学習範囲は膨大です。これを丸暗記で覚えようとすると、覚えては忘れ、覚えては忘れをくり返すことになり、なかなか知識として定着していきません。結局のところ、**機械的な丸暗記では点数は取れない**のです。だから、「どこまでやるか」よりも「どのようにやるか」の方が重要になってきます。

では、具体的にどのようにやったらいいかというと、一問一答だけで覚えるのではなく、**「答えから問題を自分で作ってみる」方法をおすすめします。**問題を作るには、その答えになるような、知識が必要です。その知識と知識をつないで問題を作る。すると、「なぜそうなのか」といった理由や因果関係を復習することになります。それを書いたり、言葉にしたりしてアウトプットすることで、知識が定着しやすくなるのです。

国語の暗記分野といえば、漢字や語彙、慣用句や感情表現などの言語があります。漢字の場合は、書いて終わりではなく、意味まで理解しておくと忘れにくいです。

慣用句や感情表現は微妙なニュアンスの違いなどを学習していかなければなりませんが、これは残念ながら子どもの力だけに任せるのは難しいでしょう。なぜなら、小学生の子どもが普段使うような言葉ではないからです。「この言葉とこの言葉はよく似ているけれど、こっちの方が強い言葉だよね」といったように、**やはり親御さんがフォローしてあげる必要があります。**そのときに「覚えなさい！」というオーラを出してしまうと、子どもは嫌がります。言葉を多く知っている大人が「こういうときはこんな言い方をするよ」「こういう気持ちのときはこんな表現の仕方があるんだよ」と人生の先輩として教えてあげるというようなスタンスがいいと思います。なお、慣用句については、体の名称が入っているものを最優先で取り組むことをおすすめします。

勉強法

6年 直前期

Q 6年生秋以降の平日と休日、勉強時間の目安は？

6年生の男の子がいます。時間で勉強量を決めるとダラダラしてしまうので、やるべきノルマを決めていますが、思いのほか早く終わる日も。ちょっと勉強量が少ないのかなと心配になります。この時期の勉強時間の目安はどのくらいでしょうか？

A 時間ではなく、「何をどのようにやったか」が大事

何時間学習が必要なのかというのは、個人差があるので一概にお答えすることはできません。長時間勉強してもまったく成績が上がらない子もいるし、短い時間で集中して学習をし、成績をメキメキと上げていく子もいます。短時間で課題を終わらせられるというのは、もしかしたら勉強に対するポテンシャルが高く、スピードのあるお子さんなのかもしれませんね。そういうお子さんに、「長時間勉強をしなさい」と言うのは、逆効果になることもあります。

こういう子の場合は勉強時間を決めるよりも、やるべきことを決めた方がいいように思います。**ちゃんとやって短時間で終わっているのであれば、まずそのスピードを褒めてあげてください。**そして、「そんなに早くできるのなら、これもやってみる?」とレベルと量を少しだけ高めてみる。それもできたら、また褒める。そうやってプラスしていくようなやり方が、本人の自尊心もくすぐり効果的だと思います。

その際、**「ちゃんとやったか」のタスク管理に陥らないようにすることが大切**です。「何をやれば」だけでなく、「どのようにやれば」を付け加えるようにしてください。例えば「ノートにきちんと書きながら解く」「問題文は最初から最後まできちんと読む」といった感じです。「何をどのようにやるか」を意識できるようになると、学習効果も上がっていきます。

受験メンタル

Q ケアレスミスが多く、模試の成績を見て自信喪失。自分の力を出し切るにはどうすればいい？

小5の夏から大手塾に通い始め、下位クラスで頑張ってきました。しかし、模試ではケアレスミスや取りこぼしが多く、自信を持てずにいます。どこかしようがないとあきらめている感じがするわが子、どうしたら自分の力を出し切れるようになるのでしょうか？

A 簡単な入試問題で自信をつけ、少しずつステップアップを目指す

5年生の夏から受験勉強をスタートしているので、知識不足が学習に影響を与えている点もあると思います。それが積み重なって、成績がなかなか上がらず、自信をなくしてしまっているのかもしれません。

こういう状況のときに、**自信を取り戻す一番の方法は、偏差値帯でいうところの低めの学校の過去問を解かせてみることです。**そういう学校の入試問題は、塾で学習したような問題がそのまま出るので、合格点を出しやすいのです。問題がスラスラ解ける→得点が上がる→合格点に到達する。この経験は子どもにとっては、とても気持ちがいいのです。だから、どんどんやりたくなる。そうやって、まずは自信を取り戻してあげましょう。そして、入試問題を解いたら、その問題よりもちょっと難しいタイプの問題が載っている問題集をやらせてみて、少しずつステップアップしていくのがいいと思います。焦らず、着実に伸

ばしていきましょう。

過去問対策

6年 直前期

Q 記述が多い学校の過去問。対策のコツは？

6年生の女の子がいます。塾で第1志望校特訓のコースに入れず、過去問分析を家庭ですることになりました。記述が多い学校で採点が難しく、どうすればよいのでしょうか？

A 記述採点と対策は、家庭だけでは難しい。塾にお願いして

記述の採点は、判断がとても難しいのです。例えば、A校の記述問題ならほとんど○が

もらえるのに、B校の記述問題になると半分の点数も取れないなんてことがあります。ですから、**その学校のクセを分かっている塾の先生に採点をお願いした方がいいでしょう。**ただ、この時期は先生たちも忙しいので、採点をお願いしたものの、なかなか返ってこないことはあります。その間に対策が取れずモヤモヤしてしまうようなら、個人的に面倒を見てくれる家庭教師に依頼するなど、第三者の力を借りた方がいいかもしれません。

過去問の進め方ですが、記述が多い学校が第1志望の場合、おそらく併願校も記述が多い、レベルの高い学校と予想されます。こうした場合、第1志望校の過去問から解くのではなく、第3、第4志望校と**偏差値の低い志望校の過去問から解き始め、過去問を解きながら基礎を一緒に復習していく**というやり方をおすすめします。その際、間違った問題をただ解き直すのではなく、なぜ間違えてしまったのか、しっかり原因を見つけておくことが大切です。そして、次にそういうタイプの問題が出たときに解けるよう、同じようなタイプの問題をテキストなどから1、2問抜粋し、解いておくようにしましょう。

親メンタル

Q 子どもが勉強しない姿に不安。親のメンタルどう保つ？

子どもが勉強しない姿を見ると不安で、小言や余計なことを言ってしまいます。母のメンタルを安定させるために心がけることがあれば、アドバイスをお願いします。

A 「私が小学生の頃、どうだったっけ？」と思い出してみましょう

不安が募る気持ち、よ〜く分かります。特に直前期の場合、親の焦りは大きく、「あと少ししか時間がない」「もう間に合わないかもしれない」という時間の感覚が身に付いている大人だからこそ、不安になってしまうもの。小学生の子どもと大人とでは、まずその感覚

のズレがあることを理解しておいた方がいいでしょう。そんな大人と子どものズレを埋めていくには、親御さんが子どもの視点に立ってみるといいと思います。

思い出してみてください。みなさんが小学6年生だった頃、こんなに勉強をしていましたか？　学校で6時間勉強したあと、塾でも勉強をして、家でも勉強をする。冷静に考えたら、これってすごいことだと思いませんか？　それに気づければ、ちょっとくらい勉強しない姿が見られても許せると思うのです。それよりも、**「あなたは学校でも勉強して、塾でも勉強して、家でも勉強して、本当に毎日頑張っているね」と思っていることをそのままお子さんに伝えてあげてほしい**と思います。そう言われて嫌な気分になる子どもはいないでしょうし、むしろ自信がつきます。

受験生だから勉強をするのが当たり前、それは大人の考えです。遊びたい盛りの子どもが高い目標に向かって努力をし続けているのです。頑張っているお子さんをねぎらい、励ましてあげてください。

過去問対策

6年 直前期

Q 過去問の振り返りや解き直しは、どこまでするべき？

一度解いた過去問は、その後どのように振り返りや解き直しをしたらいいのでしょうか？　各教科の専用ノートが必要でしょうか？

A それぞれ要点をまとめておき、ときどき見返す

過去問を解く際には、まず次の3つの仕分けをしてください。正答率の高いと予想できる基礎問題はA、これが解けるかどうかで合否が分かれる問題はB、合格者ですらあまり解けないような難しい問題はC。その中で振り返りが必要になるのは、AとBの間違えた

問題です。このAとBの配点合計は、ほとんどの場合、合格者平均点を超えると思います。過去問を解いた後の振り返りはここまでにしておきましょう。

間違えた問題は解き直して終わりではなく、教科ごとに振り返りノートを作っておくことをおすすめします。例えば算数なら、ノートに解き直したものを書いた後に、「このタイプの問題が出たら、線分図を注意深く描けば解ける」など、自分なりの解くためのポイントや注意事項を書き残しておきます。それをときどき見返す習慣を付けておきましょう。

国語なら忘れがちな語彙を書き出しておく。理科・社会からは間違えた問題だけではなく、その周辺の知識を見直し、書き留めておきます。そうやって、自分だけの過去問振り返りノートを作っておくのです。そして、それをときどき見る。

「入試前日、または当日に何をやったらいいのでしょうか?」とよく質問されますが、そのときにもこのノートを見返すといいと思います。

親メンタル

Q 反抗期の息子、予定通り学習が進まず、親が焦ってしまいます

5年生の息子が反抗期に入り、親の言うことを聞きません。1週間のスケジュールが予定通りにいかず、焦っています。塾の先生の言うことは素直に聞くのですが、いつになったら、受験を〝自分事〟として捉えられるようになるのでしょうか？

A 信頼している塾の先生の力を借りて、うまく気持ちを乗せていきましょう

反抗期というのは、親が正論を述べれば述べるほど、反抗したくなるもの。だから、反

抗期なのです。**ところが、信頼している第三者が言うと、素直に受け入れられる時期でもあるのです。**だから、身近に信頼できる塾の先生がいるのであれば、その先生をどんどん頼ってみるのがいいと思います。親御さんがお子さんにやってほしいと思うことを、先生から言ってもらうのです。例えば「今週はこれとこれをやっておこう。〇〇くんはスピードがあるから、そこまで苦労しないと思うよ」といった感じで、子どもの自尊心をくすぐるような声かけをしていきます。**そして、ちゃんとできたら、先生に褒めてもらう。そして、親御さんも褒める。**そうやって、うまく気持ちを乗せていくようにしましょう。

5年生の段階で、すでに受験が〝自分事〟になっている子はほとんどいません。入試本番に向けて頑張っていける時期にはまだ来ていないのです。ですが、先生の力を借りながら、勉強へのモチベーションを少しずつ高めていける時期です。双方でうまくコミュニケーションを取りながら、お子さんを応援していきましょう。

受験メンタル

6年
直前期

Q 6年生なのに、まだ本気モードにならない息子が心配

本人には熱望校があるものの、6年生の夏になってもまだ受験に対して本気モードが感じられません。上手に切り替えを促すなど、親ができる声かけはありますか?

A 受験の実感が湧かないのはごく普通のこと。でも、ときどき親子で「受験戦略会議」をしてみるといい

声かけ一つでやる気にさせるというのは、なかなか難しいと思います。大人と子どもとでは時間の感じ方が違うという大前提があります。夏が終わり、気温が少し下がって秋を

感じるようになると、大人たちは「ああ、もう秋になっちゃった。入試本番まで4カ月しかないのね……」と焦りが出てきますが、子どもにとっての4カ月先はまだずっと遠い未来です。だから、受験の実感が湧かないのはごく普通のことなのです。

そうはいっても、やるべきことも増えてきて、ちょっとエンジンをかけてもらわないと困るという現実もありますよね。特に過去問を解くには時間がかかるので、計画的に進めていく必要があります。そこで、**親子で現実を共有しておくために「受験戦略会議」を行うことをおすすめします。**入試本番までにこれだけの過去問を解いていかなければいけない。その間には模試もあるし、苦手分野の克服もしておく必要がある。となったとき、「今できることは何だろう?」とお子さん自身に考えさせてみるのです。すると、例えば「朝、学校に行く前にこれをやっておく」「週末はこれをやる」などやるべきことが見えてくると思います。

そして、実際に努力し、うまく進んでいるか確認するために定期的に「受験戦略会議」をする。もちろん、まだ本気モードにはなれず、予定通りに進まないこともあると思います。でも、ときどき親子で話し合うというのは、お互い自分の行動を振り返るよい機会となります。うまくいったことはそのまま続け、うまくいかなかったことはやり方を変えてみるなり、改善策を考える。そうやって、**合格するための勉強に切り替えていきましょう。**

志望校選び

6年 直前期

Q 直前の志望校変更、取るべき対策は?

子どもが熱望する第1志望校の過去問に取り組んでいましたが、偏差値的にチャレンジな状況です。どのタイミングまで変更が可能でしょうか? やむを得ず変更することになった場合、過去問対策ができていなくて力及ばず……、ということにならないか心配です。

A 最終決定は12月半ば、それまであきらめるのはまだ早いです

熱望校はあるものの、まだ力が及ばない。下手にチャレンジして、どこも合格が取れなかったらどうしよう……、心配になりますよね。でも、6年生12月半ばまでは第1志望校の決定を急ぐ必要はありません。今はとにかくお子さんの合格の可能性を信じて、チャレンジしていくことを重視してあげてほしいと思います。というのも、毎年この時期から成績をメキメキと伸ばして、合格を手に入れる子も一定数いるからです。

第1志望校の最終決定は12月半ばが目安です。そこで、第1志望を変更しても、入試本番まで1カ月半ありますので、過去問対策は十分に間に合います。ただし、それ以前の段階で、第2、3志望校の過去問は仕上げておく必要はあります。

または、熱望校はチャレンジ校として残したまま、それ以外の受験校を学力相応校、もしくは安全校にしておくというやり方もあります。早い段階で実力相応校、または安全校

の合格を手に入れておくと、それが自信となって、思い切りチャレンジすることができます。そして、そのまま勢いに乗ってチャレンジ校に合格してしまうということもなきにしもあらず、なのです。

ですから、現時点の段階で早々にあきらめてしまわず、「今からでも間に合うよ。頑張ってみよう」と応援する雰囲気を醸し出していただきたいと思います。そして、**「12月になったら、最終決定をしようね」と先の見通しを伝えておく。**お子さんの本当の力が見えてくるのは、これからです。

親メンタル

6年
直前期

Q テストのやり直しをしないわが子に叱ってばかり

入試本番まであと100日。今が踏ん張りどきなのに、模試や塾のテストのやり直しができていません。塾の先生からは「やり直しをしない子は伸びない」と言われ焦る中、動画ばかり見る子どもを見ては叱ってばかり。どうすれば子どもに響くのでしょうか？

A 塾のテストや模試の復習を取捨選択し、親子バトルを減らす

入試まであと100日という段階で、お子さんがやる気を見せてくれない。親御さんとしては焦るし、イライラもしますよね。でも、動画を見てばかりいるというのは、実際どのくらいの時間を見ているのか気になるところです。**親御さんの中で、「ちっともやる気を見せない」というレッテルを貼ってしまうと、たまたまそのときに見ていただけなのに、ずっと見続けているように感じてしまうことがあります。**ですから、まずは冷静な目で見てあげてほしいです。そうしないと、親子バトルの回数が増えるばかりで、時間を浪費してしまうからです。それは得策ではありません。

直前期は公開模試の他に、塾によっては独自のさまざまなテストがあります。それらすべてのテストを復習することは不可能です。**この時期に大切なのは、過去問を真剣に解くこと、そして丁寧に間違い直しをすることです。**そこに多くの時間を使うことになりますから、塾のテストの復習は隙間時間を使うことになります。

全部を復習しようとするのではなく、優先順位を考えて取捨選択をしてください。

「このテストは、ミスの直しだけにしよう」

「これは『速さ』の間違い直しだけにしよう」

「このテストで見つかった弱点の『植物の冬越し』だけを復習しよう」などと、お子さんと話し合ってください。

ポイントは、志望校の問題傾向やレベルに合わせることです。やりきれる量に調節し、目的をはっきりさせることで、お子さんのやる気が高まってくるはずです。

勉強法

Q 塾の宿題に追われるだけの毎日に不安……

小学5年生の男の子がいます。テストのやり直しや苦手科目の時間に充てたいと思っていても、日々の宿題に追われるばかり。どのように学習スケジュールを立てればよいのでしょうか?

A まずは塾の先生に相談を。宿題を減らすなどのカスタマイズが必要な場合も

お子さんがその塾のクラスでどの位置にいるかによって、宿題の負担度が変わってきます。

まずは宿題量と内容がお子さんの学力レベルと合っているかを確認する必要があります。

こういう場合の相談先は塾の先生が適任だと思います。「宿題が難しくて、家庭学習がうまく回っていかない、なんて相談したくてもできない」と思っている親御さんは少なくありませんが、**遠慮せずどんどん質問していいと思います。**というのも、私も以前に集団塾で指導をしていたことがありますが、集団塾の先生は毎回宿題のチェックはしても、各家庭の学習状況までは正直見えないからです。親御さんの方から相談がなければ、問題ないのだろうと受け止めてしまうのが普通です。だから、親御さんの方から「ちょっと宿題が難しすぎて困っています。少し減らしてもらうことはできますか?」「宿題が難し過ぎてやる気が下がっています。うちの子にとって『どうしてもやるべき問題』と『できればやっておく方が良い問題』に分けていただくことはできますか?」などとアプローチしていただくのが一番いいと思います。

もしこのような相談があれば、「では、この基礎問題だけはやってきてくださいね。でも、ここから先は難しいので、今はやらなくても大丈夫です」などとアドバイスをしてくれたり、宿題をカスタマイズしてくれることもあります。**大事なのは、困っている状態をそのままにしておかないことです。**

受験メンタル

Q 繊細な子ども、中学受験に耐えられる？

子どもが繊細なタイプで、きめ細かな対応を期待したいと、私立中高一貫校の進学を検討しています。そのような動機での中学受験は適切なのでしょうか？　そんな繊細な子が、そもそも中学受験に向いているといえるのでしょうか？

A 繊細だからこその良さを生かしながら、その子に合った学習法で対策は可能

繊細タイプのお子さんということは、おそらく感受性が強くて、細かいことが気になってしまうのだと思います。そういうお子さんはこだわりがあるぶん、何事にも丁寧に取り組むという良さも持っています。例えば算数では考える糸口として、図を描いたり、線分図を描いたり、数字を全部書き出したりといった手作業がとても大切になります。そういう作業を面倒くさがってやらなかったり、頭の中で考えようとしたりする子はどこかで伸び悩んでしまうことがあるのですが、繊細で、丁寧に取り組める子はその点の心配はありません。むしろ、そこは大きな褒めポイントとなります。

一方で、丁寧すぎるが故にスピードがない、またはノートをきれいに書くことにこだわりすぎて、中身の理解が追いつかないなどのデメリットもあります。そこは、「こういう

問題を解くときは、ある程度スピードも大事になってくるから、スピードを上げていこうね」「ノートは本当に大事なところだけに色をつけるくらいにして、授業中は先生の説明をしっかり聞くことに集中しようね」など、**一つひとつ丁寧に正しいやり方を教えてあげるといい**と思います。そうやって、その子が納得できるようにアドバイスをしてあげることが大切です。

また、**学校選びについては、私立中高一貫校＝面倒見がいい、と考えない方がいい**と思います。学校によっては、子どもの自主性を重んじ、何も手を貸さないという「面倒見の悪い学校」もあります。ですから、入学してからミスマッチがないように、学校選びは慎重に進めてください。まずは、いろいろな学校のホームページをよく読み、実際に訪れてみる。そして、**親御さんの肌感覚を頼りに、「うちの子が安心して過ごせる学校はどこか」という視点で学校選びをしましょう。**

校風の合う・合わないはもちろん大事ですが、入試問題がわが子に向いているかどうかも大きなポイントになります。お子さんが「こういう問題が得意」「こういう問題を解くとワクワクする」というような問題を出す学校は、やはり学びの環境としてマッチしていることが多いものです。

受験事情

Q 中学受験で、フルタイム勤務の親にどの程度の覚悟が必要？

昨今の受験情報を聞くと、受験そのものをためらってしまいます。私も中学受験経験者ですが、当時は通塾せず、四谷大塚の日曜テストだけを受け、両親のサポートのもと受験をしました。フルタイム勤務で、今の受験は親の覚悟がどのくらい必要なのでしょうか？

A 学習量と難度がハードになっているのは事実。でも、適切なかかわり方なら、不安にならなくても大丈夫!

昨今、首都圏では中学受験者数が増加傾向をたどり、受験率も増加の一途です。親御さんの時代の中学受験よりもハードになっているといえます。

ただ、**今も昔も正しい受験勉強の進め方や、それによって得られる受験することのメリットは変わりません**。ですから、親御さんの役割は、自分が前に立ってグイグイ引っ張っていこうとするのではなく、子どもにとってムリのないように、しかもちょっと頑張ればなんとかなりそうと子ども自身が感じられるような勉強量を考慮し、子どもと一緒に学習スケジュールを立てていくこと。そして、頑張って取り組んでいる子どもの努力を認め、褒めてあげること。それを毎日30分程度できるかどうかの覚悟は必要ですが、やっていただきたいのはその2点です。フルタイムでお仕事をされている場合、毎日子どもの勉強を横で見ることはできないと思いますが、そこを頑張る必要はないのです。**何をすべきかさえ分かっていれば、ひどく不安に陥る心配はないと思いますよ。**

親サポート

Q 親の受験経験、子のサポートにどう影響する？

親が公立中学出身のため、中学受験の知識がありません。親の受験経験がないと、子どもの受験に不利になるのではないかと心配です。

A 未経験だからこそ、客観的に見られるというメリットの方が大きい

親に中学受験の経験がないことを心配される方は、本当に多いですね。ですが、**親御さんに経験がないことが、お子さんの受験に不利になることはまったくありません。**むしろ、まっさらな状態からスタートするので、客観的に今の時代の中学受験を理解できるというメリットは大きいと思います。

むしろ、なまじ中学受験を経験しているばかりに親御さんの中には、「私のときは、もっと夜遅くまで勉強をした」「理科社会はとにかく暗記！」とやみくもに勉強量を増やしたり、またはその逆で「受験勉強なんて1年頑張ればなんとかなるから」と安易に捉えたり、「この学校は、そんなにレベルの高い学校じゃない。それなのに、なんで合格可能性のパーセンテージがこんなにも低いんだ？」と、自分の記憶や経験だけで考えてしまう人がいます。そのように**自分の経験を軸に据えて、子どもの受験を捉えることの方が、弊害になってしまう可能性が高い**と感じています。どちらにしても、親御さんが今の時代の中学受験を正しく知ろうとすることが大切です。

勉強法

Q 公立中高一貫校狙い。どこまで詰め込み学習が必要？

小3の娘は勉強が好きな方なので、受験を考えていますが、費用面では無理ができず公立の中高一貫校進学を希望しています。ただ、詰め込み学習で疲弊することも心配しています。どの程度の学習量を見ておくべきでしょうか？

A 基礎学力と語彙力があれば、本格的な対策は1年を目安に考えて

公立中高一貫校一本勝負と私立併願によって対策は違ってきますが、勉強が好きで公立中高一貫校だけを受検するということであれば、受検対策はもう少し遅らせても大丈夫で

す。今は学校の勉強をしっかりやって基礎学力を盤石にしておき、本をたくさん読んだり、身体感覚を伴ったさまざまな体験をさせたりして、**語彙力や知識を広げていった方がいいでしょう。**

でも、最終的には適性検査や作文など公立中高一貫対策は必要になりますので、6年生になったらそれを専門に指導してくれる塾に通うことをおすすめします。その際、点数の上下動に一喜一憂して、「あれをやりなさい」「これもやりなさい」と詰め込み学習に陥らないように気をつけましょう。塾のテストを見返して、「なぜここで点数が引かれたのだろう？」「ここではどういう書き方をすればよかったのかな？」と一つずつ丁寧に確認していくことで、ムリをせずに得点力を高めていくことはできると思います。

ただ、私立も併願するという場合は、このやり方は通用しません。やはり、小学4年生から中学受験の勉強を始め、途中から公立中高一貫校対策も同時に進めていくというやり方になります。ですから、**まずは受験校をどうするかというところから話を始めていった方がいい**と思います。

受験メンタル

Q 中学受験者が少ない地域で、受験への挑戦意欲を促すには?

わが家の生活圏では中学受験をする家庭は多くありません。地元中学へ進学する友だちが多い中、どのように子どもを受験へと向かわせたらよいのでしょうか?

A 「あなたはできる子」、子どもの自己肯定感を刺激しながらその気にさせる

親御さんとしては中学受験をさせたいと思っていても、地域によっては少数派で子どもにどう説得をしたらよいか悩んでいるというご相談はよくあります。中学受験をするか・しないかは各家庭の方針によるので、そこに親の思いが入ることは当然のこと。でも、無理強いはおすすめしません。そこで、**子どもの気持ちが乗ってくるような言葉がけを意識してみてください。**

やはり、子どもというのは、自分がまわりよりも優れていると思ったときには、それを親御さんに褒めてもらいたくて、もっと頑張ろうとするものです。その心の動きをうまく刺激してあげるといいのではないかと思います。

「あなたは勉強が得意だから、もっと上の学校を目指してみてもいいかもね」
「あなたは算数が得意だから、もっと難しい問題に挑戦してみるといいね」
「あなたは頑張れる子だから、お母さん期待しているの」

といったように、**子どもの能力を認め、称賛し、「だからもっといい環境があるよ」「もっと面白い勉強ができるよ」と教えてあげるといい**でしょう。ただ、1回言うくらいでは、子どもの心は動きません。何度も、何度も、手をかえ品をかえ話して、子どもの方から「じゃあ、ちょっと頑張ってみようかな」と言い出したらしめたもの。

とはいえ、最初はうまくいっても、途中で必ず「やっぱりまわりの子が遊んでいるのに、僕だけ勉強するのはイヤだな」という時期は来ると思います。そのときもやっぱり同じように、「あなたにはこういう素晴らしい能力があるから、お母さんはぜひ伸ばしてほしいと思うんだよね」といったことを伝えてあげると、やる気が戻ってくるでしょう。子どもの自己肯定感を刺激しながら、子ども自らが「頑張ろう」という気持ちになるように仕向けていく。この姿勢を続けていくと、うまくいくと思います。

勉強法

Q 長期休みの子どもの学習で、共働き家庭が意識したいことは？

共働き家庭の場合、夏休みなどの長期休みの学童での時間、高学年であれば一人で自宅にいる時間が長くなります。その時間に子どもが一人で勉強するのはなかなか難しい。注意点やアドバイスをお願いします。

A 一人で取り組める課題と親子でやる課題を仕分ける。そして、一日30分、子どもと向き合う時間を作りましょう

共働き家庭にとっては切実なお悩みだと思います。では、うまくやっているご家庭は、

どのようにしているのかというと、**子ども一人でできることと、できれば親子で一緒にやった方がいいことを分けて考えていますね。**例えば計算ドリルや漢字の練習など子どもが一人で取り組める学習は、学童の時間や家で留守番をしている時間に取り組む。それ以外の例えば算数ならじっくり考えて解く文章問題や、国語なら読解問題などは、親御さんが家に帰ってから一緒にやるようにします。

忙しくても**一日30分はお子さんと向き合う時間を作っていただきたい**と思います。**その時間に「今日はこれをやったんだね」と一日を振り返り、「この問題が一人で解けたなんてすごいね！」と子どもの頑張りを褒めてあげてください。**そして、次の日に向けて「明日はこれをやってみたらどうかな？」「この問題はお母さんと一緒にやろうか」などと予定を決めておくようにしましょう。

これを続けていくと、高学年になって塾通いが始まったときに、塾で学習してきたことを復習する時間へとスムーズに移行できるようになります。

受験事情

Q 中学受験に関心がない父親、どうすればいい？

地方出身で有名大学に進学した夫は、昨今の中学受験状況など調べもせずに、「中学受験は不要」と決めつけています。夫に時代と地域が違えば教育環境も異なってくることを気づいてもらうためにはどうしたらよいのでしょうか？

A 粘り強く話してみるか、この本を目に入るところにそっと置いてみましょう

このお悩みも本当に多いですね。ただ、**自分の成功体験というのは、どうしても物事を考**

えるときに基盤になってしまうのですよね。ですが、時代や地域が違えば教育環境も違ってくるのは事実です。ですから、まずは今の首都圏の中学進学状況がどうなっているのか知っていただくことが先決だと思います。

この本の第1章にも書きましたが、中学受験の偏差値と高校受験の偏差値はまったく別物です。そういうことを教えてあげてほしいと思います。または、首都圏にはこれだけの私立中高一貫校があって、それぞれこんな特徴のある教育をしているということを知っていただくために、いろいろな学校のホームページをご夫婦で見てみるといいと思います。そうやって少しずつ理解してもらう。

そして、ぜひ目の届く場所にこの本をそっと置いてみましょう。読んでくれたらしめたもの。中学受験がいいか悪いかは別として、今、都心に暮らす小学生がどんな状況に置かれているかを知るきっかけになると思います。

親メンタル

Q 新小4から通塾開始。出遅れ感に焦りを感じてしまいます

小3の2月（新小4）から塾通いを始めましたが、まわりの子はすでに小3やその前から通っている子が多く、出遅れてしまったのではないかと焦っています。今から挽回は可能でしょうか？

A 新小4からのスタートがベスト。焦る必要はまったくありません

近年、低学年からの塾通いが本当に増えていますね。でも、**私は中学受験の勉強は新4年生からスタートするのがベストだと思います。**ですから、スタートの時期について心配する

必要はありません。それなのに「出遅れてしまった」と感じているのはなぜでしょう？　例えばテストの点数が悪かった、課題をやるのに四苦八苦しているというのであれば、そこは改善していく必要があります。でも、まだ始まったばかり。伸びていくのはこれからです。

私が中学受験勉強の開始、つまり進学塾での勉強開始は新4年生からが適切だと考えている理由を、お話ししておきたいと思います。

一つは、進学塾のカリキュラムです。**ほとんどの進学塾のカリキュラムは新小4（小3の2月）から始まっており、入試に必要な知識はもれなく教わることができます。**ですから、小4からの開始で決して遅すぎることはありません。

二つ目は、脳の発達段階に関係します。小4はちょうど「9・10歳の壁」といわれる時期でもあり、劣等感を抱きやすくなるなどの変化が見られる頃。この時期に脳はもう一段階成長し、**抽象的な言語や考え方をやっと理解できるようになります。**

確かに、小1や小2の子どもに「つるかめ算」や「倍数算」を教え込むことは可能です。

子どもたちに手順を覚え込ませることも可能です。ところがそこには「なるほど」という納得がありません。ただの丸暗記を強要することになり、それが子どもたちを勉強嫌いにしてしまうこともあるのです。

中学受験の勉強を始める4年生にとって、大切なことは二つです。まずは、**毎日決まった時間帯に学習を始める習慣が身に付いていること。**1日の学習時間は1〜1・5時間で十分です。もう一つは**基礎学力（読み書き、計算）が身に付いていること**です。

塾の学習が始まれば、それとともにテストも始まります。テストの点数が悪かったり、授業についていくのに四苦八苦していたりするなら、まずこの二つを振り返ってください。

おわりに

受験を終えて、進学した中学校に楽しく通うお子さんの姿を見て、多くの親御さんはこうおっしゃいます。

「いろいろなことがあったけれど、やっぱり中学受験に挑戦させて良かった」と。その言葉を聞くたびに、長年中学受験の指導に携わってきて良かったと、心から思うのです。

中学受験が一筋縄ではいかない理由。それは、挑戦するのが他ならぬ「わが子」だからです。

親はわが子のことになると冷静ではいられなくなります。それが親の業だからです。

また、「中学受験は親のサポートが不可欠」という言葉が独り歩きしてしまい、親である自分が頑張らなければいけないと思い込んでいる方は少なくありません。すると多くの場合、親がやるべきことは「勉強を教えること」だと勘違いしてしまいます。その結果、上手に教えられるはずもなく、子どもが理解できない様子にイライラし、その感情の矛先が子どもへと向かうようになります。そして、子どもを勉強嫌いにさせてしまうのです。

「わが子の幸せのために」と始めた中学受験で、そのような状態になってしまっては本末転倒です。このように、**親の役割を取り違えてしまうと、中学受験は過酷の一途をたどる一方なのです。**それが、中学受験の怖いところであり、長年中学受験に携わってきた私が警鐘を鳴らし続けなければいけないと使命を感じています。

わが子がうまくいっているときは、「これくらいできて当たり前」ではなく、子どもの頑張りを認め、褒める。うまくいっていないときは、「子どもにやる気がない」と決めつけるのではなく、「今、この子はどんな気持ちでいるのだろう？」と子どもの視点に立って考えてみる。勉強でつまずいていたら、親である自分がやみくもに頑張るのではなく、プロの力を借りる。そのためには、日ごろから塾の講師と良好な関係を築いておく——。これらを適切に行っていくには、親である自分が感情に振り回されないよう心がけておくことが何よりも大事。つまり、**中学受験の成功は「親のメンタル」にかかっている**ということです。そこがうまくできれば、お子さんの心が安定し、成績も伸びていきます。

ですが、はじめから自分の気持ちを上手にコントロールできる人などいません。時にはあふれ出る感情を抑えきれず、心ない言葉を投げてしまうこともあるでしょう。**「こんなことを言ってしまった私は親として失格なのではないか」と自己嫌悪に陥ることだってある**と思います。

でも、失敗を恐れないでください。うまくいかないときがあったら、なぜそういう感情になってしまうのか冷静に見つめ、お子さんが気持ちよく勉強に向かえるようにするにはどうしたらいいかを考え、次に生かしていけばいいだけです。そのくり返しなのです。

「中学受験親」は、誰もが経験できることではありません。この未知なる子育て領域を初めて歩むという方がほとんどです。隣の芝生は青く見えるかもしれないけれど、みんな試行錯誤の日々なのです。上のお子さんの受験を経験している人だって同じ。同じ自分の子でも、その子によって気持ちよく勉強できる環境も言葉がけも変わってきます。

そして、失敗と成功をくり返しながら、親子で成長していくのです。よく中学受験を終えた親御さんから、「中学受験を通じて、わが子の成長を感じることができた」という言葉をいただくことがあります。それは、**親御さんが成長した証拠なのです。**つい冷静ではいられなくなるわが子のことに一喜一憂しながらも自らを制御し、時に平静さを装いながら、頑張る子どもに寄り添い続けてきたのですから。実はそれってすごいことなんですよ！

そんな親子の奮闘の日々は、親子関係を強固なものにし、「合格」以上の大きなものを与えてくれるのです。

中学受験はお子さんの長い人生の中では一つの節目に過ぎません。お子さんがこの先もっと頑張らなければいけないときがやってくるでしょう。でも、子どもの成長において大事な時期に、親子でしっかり向き合い、信頼関係を築けていれば、「お父さんとお母さんは、いつだって僕を応援してくれる」「私を見守ってくれている」と感じ、子ども自らの足で前へ進んでいけるようになるはずです。

すべてのご家庭が幸せな中学受験を経験できますように。

2024年5月

名門指導会代表　西村則康

著者プロフィール

西村則康（にしむら のりやす）

プロ家庭教師集団「名門指導会」代表。45年以上にわたって難関中学への受験指導を行う現役のカリスマ家庭教師。開成中、麻布中、桜蔭中、女子学院中、灘中などの最難関校に3000人以上を合格させてきた実績を持つ。日本初の「塾ソムリエ」としても活躍。16万人以上の親が参考にしている中学受験情報サイト「かしこい塾の使い方」の主任相談員を務める。『中学受験は親が9割 最新版』（青春出版社）、『中学受験の成功は、幼児期・低学年がカギ!「自走できる子」の育て方』（辻 義夫氏との共著・日経BP）など著書多数。小3入塾テスト対策のための『中学受験 入塾テストで上位クラスに入るスタートダッシュ 算数／国語』（ともに青春出版社）も好評。

名門指導会
https://www.meimon.jp

中学受験情報局「かしこい塾の使い方」（右記QRコード▶）
https://www.e-juken.jp

日経xwoman DUALのご案内

中学受験情報を積極的に発信！

「日経xwoman（クロスウーマン）DUAL」は、2013年11月に創刊しました。年を追うごとに、共働き子育て世帯の数は増加。国や企業の意識も変化しつつあり、子育てしながら管理職やリーダーを担うママも増えてきました。しかし、ワンオペ育児や長時間労働などの課題は数多く残っています。夫婦共に仕事で活躍し、子育てにも無理なく関わることができる社会の実現に向け、DUALは今後も共働きママ・パパに役立つ情報をお届けしていきます。連載や特集を通じて中学受験に関するお役立ち記事も積極的に発信しているほか、本書の西村則康さんと辻 義夫さんなどによる中学受験セミナーも実施し好評をいただいています。
この機会にぜひ、ご登録ください。

日経xwoman DUAL　https://woman.nikkei.com/dual/

中学受験成功への鍵は「親メンタル」！
「受験で勝てる子」の育て方

2024年 6月17日　　第1版第1刷発行

著　者　　西村則康
発行者　　佐藤珠希
発　行　　株式会社日経BP
発　売　　株式会社日経BPマーケティング
〒105-8308 東京都港区虎ノ門4-3-12

装丁デザイン　　小口翔平＋村上佑佳（tobufune）
装丁イラスト　　フジワラヨシト
本文デザイン・制作　　藤原未央
編　集　　樋口晶子
編集協力　　石渡真由美
印刷・製本　　図書印刷株式会社

ISBN 978-4-296-20518-9　Printed in Japan